Ulla Schlüter

Lausespitz
Band 3

Im Land der Canyons und Kakteen

Ulla Schlüter

Lausespitz
Band 1
Im Land der Canyons und Kakteen

Zeichnungen Martin Philipp

Die Deutsche Bibliothek – CIP-Einheitsaufnahme

Schlüter, Ulla:
Lausespitz / Ulla Schlüter, - Annweiler : Plöger
  Bd. 3. Im Land der Canyons und Kakteen /
  Zeichn. Martin Philipp. – 1997
    ISBN 3-924574-98-7

2. Auflage 1999

ISBN 3-924574-98-7

© Autorin und Plöger Verlag GmbH, Annweiler
Illustrationen: Martin Philipp
Gesamtherstellung: ÖO Annweiler

Inhalt

Hallo, ihr Mädchen und Jungen 7

I. Auf nach Amerika 9
1. Auf dem Flug nach Arizona 9
2. Ankunft in Tucson 15
3. Bei Tante Betty und Onkel Bob 20

II. Bekanntschaft mit einer fremden Welt 29
1. Spazierritt im Kakteenwald 29
2. Picknick unter Kaktusbäumen 34
3. Schulunterricht – anders in Amerika 40
4. Ausflug zum Wüstenmuseum 42
5. Überleben in künstlicher Umgebung 46

III. Auf den Spuren der Indianer 57
1. Im Wohnmobil nach Norden 57
2. Dinner vor dem Montezuma Castle 65
3. Indianeralltag im Rückblick 74

IV. In den Krallen des Kondors 81
1. Aufregung am Grand Canyon 81
2. Rast in luftiger Höhe 90
3. Der sprechende Riesenvogel 94
4. Hat Frau Müller einen Sonnenstich 99

V. Glück gehabt! 109
1. Notlandung auf dem Blätterdach 109
2. Hilfe aus der Luft 117

VI. Mäxchens wundersame Rettung 123
1. Und wieder tagt das Rettungsteam 123
2. Suchaktion mit Hubschrauber 127
3. Der steinerne Regenbogen 131
4. Hurra, Mäxchen ist wieder da! 135
5. Eine verrückte Geschichte 140

VII. »Frühnachrichten« wittern Story 151
1. Brisante Ticker-Meldung 151
2. Reporter Schreiber schwebt ein 156

VIII. Neuigkeiten von Burg Bronn 161
1. Wasserader angezapft! 161
2. Fachleute diskutieren 167
3. Ein Fax informiert 177

IX. Glückliche Heimkehr 183
1. Erinnerungen zwischen Umzugskisten 183
2. Hochzeitsfeier auf der Burg und Happy End 190

Anhang 201
1. Lied 201
2. Reim: Peas Porridge Hot 202
3. Kochrezept »Maissalat Montezuma« 203
4. Reiseroute 204

Hallo, ihr Mädchen und Jungen,

in diesem dritten Band begleitet ihr Lausespitz in das Land der Canyons und Kakteen.
Wo aber liegt dieses Land?
Es liegt in Amerika, in USA, in den Vereinigten Staaten von Amerika.
USA ist ein weites, großes Land.
Canyons sind tiefe Felsschluchten. Kakteen, so hoch wie Bäume, findest du im Staat Arizona, im Atlas links unten, im süd-westlichen Teil des riesigen Landes.
Lausespitz und seine Freunde erleben wieder einmal aufregende Geschichten und überstehen dabei unglaubliche Gefahren.
Nebenbei erfahrt ihr viel Interessantes über Indianer, Land und Leute.
Spannung ist der rote Faden durch das Buch. – Aber lest selbst!

I.
Auf nach Amerika!

1. Auf dem Flug nach Arizona

Endlich war das Schuljahr zu Ende. Noch nie waren den beiden Jungen die letzten Tage so lange vorgekommen. Gleich zu Beginn der Sommerferien sollte die große Reise nach Amerika losgehen. Zu Hause in den Kinderzimmern sah es chaotisch aus, wie vor einem Umzug. Die Schränke standen offen. Vieles lag durcheinander herum. Hektik machte sich breit. Selbst Frau Rehbein fing an, nervös zu werden. Aufgeregt lief sie durch die Räume. Beim Kofferpacken durfte ja nichts vergessen werden.
Dann war es endlich so weit. Voll freudiger Erwartung hatten sich die drei Buben verabschiedet. Nun saßen sie zusammen mit Herrn Stahlberg in einer Boing 707 der Lufthansa. Sie befanden sich hoch in den Lüften auf dem Flug nach Amerika. Dort wollten sie Tante Betty und Onkel Bob weit unten im Südwesten, im Staat Arizona besuchen.
Sie hatten sich Plätze für Nichtraucher vorne auf der linken Seite der Kabine reservieren lassen. Lausespitz und Peter waren natürlich unzertrennlich und saßen nebeneinander. Direkt vor ihnen hatte Herr Stahlberg seinen Platz am Gang, und Mäxchen durfte am Fenster sitzen.
Weil es viel leichter und einfacher war, durften die Brüder Herrn Stahlberg jetzt »Otto« nennen. Schließlich bildeten sie ab heute eine verschworene Gemeinschaft. Peter nannte Otto Stahlberg ab sofort »Vati«. Er wollte sich wohl an die bevorstehende Vergrößerung der Familie gewöhnen.

Die Maschine startete in Frankfurt genau nach Flugplan um 9 Uhr 50. Sie war gut besetzt, nur wenige Sitze blieben

frei. Rasch hatten sie die Wolkendecke durchstoßen, über ihnen wölbte sich ein stahlblauer Himmel.
Zehn Kilometer hoch über den Wellen des Atlantiks wurde das Mittagessen serviert. Es gab Geschnetzeltes mit Nudeln und als Nachtisch Karamellcreme mit Sahnehäubchen. Dazu bot die Stewardess den Erwachsenen Wein oder Bier an. Die Kinder tranken Orangensaft. Herr Stahlberg und Mäxchen wurden nach dem reichlichen Essen schnell müde. Sie stellten die Sitzlehnen zurück und verdauten schlafend die leckere Mahlzeit, wie viele andere Passagiere auch.

Lausespitz und Peter dagegen blieben quicklebendig.
Sie zeigten weder Interesse für den Spielfilm, der nach dem Essen vorne auf der Leinwand lief, noch für das Musikprogramm im Kopfhörer. Sie verfolgten lieber die Flugroute auf der Landkarte, die sie in der Tasche der Rücklehne vor ihrem Platz fanden.
Bevor sie an Bord gingen, hatten sie sich feierlich versprochen, alle fünfzehn Minuten die Plätze zu tauschen, damit jeder aus dem Fenster gucken konnte.
Als Lausespitz mal wieder am Fenster saß und auf die unendliche Wasserwüste herunterschaute, war er so begeistert, dass er zu dichten anfing:
»Ich sehe Meer und sehe mehr Meer. Sehe ich dich an, so sehe ich kein Meer mehr, und wenn ich die Augen zumache, sehe ich gar nix mehr vom Meer.«
Peter grinste über die lustige Wortspielerei seines Freundes. Dann blickte er auf seine Armbanduhr und ordnete an:
»Los, Platzwechsel ist angesagt!«
Ab und zu entdeckten sie weit unter sich ein Schiff, das einsam den Ozean durchpflügte. Wegen der Entfernung sah es aus wie ein Spielzeug. Es zog einen weißen Streifen, das so genannte Kielwasser, hinter sich her, ähnlich wie

Flugzeuge ihre Kondenzstreifen. Nur war die Spur der Schiffe bei weitem nicht so lange wie die der Flieger am Himmel. Peter schaute voll Interesse zum Fenster hinaus und war nicht mehr ansprechbar.

Lausespitz stand auf und lief den engen Gang zwischen den Sitzreihen hinunter, bis ihm ein Vorhang den Weg versperrte. Dahinter hörte er Stimmen und leises Klappern. Vorwitzig schob er den Stoff etwas zur Seite und blickte in die kleine Bordküche.
Zwei Stewardessen waren damit beschäftigt, die Reste des Mittagessens und den Abfall wegzupacken. Ein schmaler Wagen voll mit abservierten Tabletts stand zwischen ihnen. Er war gerade so breit, dass man ihn die schmalen Gänge zwischen den Sitzreihen durchrollen konnte. Vor dem
Essen enthielten seine zahlreichen Fächer das vorgewärmte Menü. Nach der Mahlzeit schoben die Mädchen die gebrauchten Tabletts mit den Überbleibseln in die Fächer zurück.
Sie arbeiteten flink auf engem Raum, es war ein eingespieltes Team. Die Schubladen, wie alles in der Bordküche, waren genormt, natürlich auch der Servierwagen. Er paßte genau in eine Öffnung der Küchenwand. Nachdem

die Stewardessen ihr kleines Reich aufgeräumt und den Wagen zurückgeschoben hatten, fühlte man sich fast wie in einer modernen, aber sehr engen Einbauküche.
Spülen konnte man hier natürlich nicht. Dafür reichte weder die Zeit noch der Platz. Außerdem hat ein Flugzeug nicht so viel Wasser an Bord. Für das Spülen ist das Personal der Großküche auf dem Flughafen zuständig.
Die Stewardessen waren sehr freundlich zu Lausespitz. Es machte ihnen richtig Spaß, sich mit dem aufgeweckten Jungen zu unterhalten.
»Möchtest du mal nach vorn zum Kapitän ins Cockpit schauen?«, fragte ihn die Chefstewardess.
Lausespitz war wie elektrisiert. Natürlich wollte er! Über Bordtelefon bat sie den Kapitän um Erlaubnis. Und tatsächlich, der junge Fluggast war dort willkommen.
Vor Aufregung bekam Lausespitz ganz rote Backen.
»Kann ich noch rasch meinen Freund holen?«
Die Stewardess nickte lächelnd. Im Sauseschritt brachte er Peter herbei, der natürlich auch hoch interessiert war.

Mit klopfendem Herzen gingen sie nach vorn und durch die schmale Tür mit der Aufschrift »Crew only«. Das heißt so viel wie »Nur für Besatzungsmitglieder«.
Im engen Cockpit lächelten ihnen Kapitän, Copilot und Bordingenieur freundlich zu.
Was es da alles zu sehen gab! Die Buben waren völlig verwirrt von der Vielzahl der Instrumente, von den vielen Zeigern und Knöpfen. Am meisten beeindruckten sie die Steuerknüppel vor den Sitzen der beiden Flugzeugführer. Der Copilot hatte gerade die Verantwortung für den Flug übernommen, der Kapitän war also frei. Er hatte nun Zeit, den Jungen alles Mögliche zu erklären. Diese waren so hingerissen, alles erschien ihnen neu und fremd, dass sie keinen Mut fanden, zusätzliche Fragen zu stellen.

Hier über dem Atlantik war natürlich der Auto-Pilot eingeschaltet. Das Flugzeug wurde also nur mit Hilfe des Bordcomputers gelenkt, ohne dass jemand den Steuerknüppel bewegen musste. Lausespitz und Peter waren sprachlos. Überwältigt von unvergesslichen Eindrücken verließen sie nach einiger Zeit das Cockpit und kehrten auf ihre Plätze zurück. Sie brauchten eine ganze Weile, bis sie die gerade erlebte, perfekte Technik verarbeitet hatten und wieder sprechen konnten.
Jetzt saß Lausespitz am Fenster. Er meinte nachdenklich: »Peter, ich hab's mir überlegt, ich werde entweder Arzt oder Pilot.«
Die Gedanken des Freundes schienen sich in gleicher Richtung zu bewegen, denn er ergänzte:
»Und ich werde entweder Kommissar oder Pilot.«

Inzwischen hatten sie die amerikanische Ost-Küste überflogen. Nach langen Stunden befanden sie sich wieder über Land. Unter ihnen dehnten sich unendliche Wälder aus. Breite Flüsse durchzogen die Landschaft. Später herrschte Ackerland vor mit riesigen, bestellten Feldern und einsamen Farmen, immer wieder unterbrochen von großen Städten und weitläufigen Wohnsiedlungen.
Allmählich wurde es den Kindern langweilig. Der Flug dauerte schon über zehn Stunden. Das war viel für sie. Herr Stahlberg jedoch wunderte sich, wie gut sie mit dem ungewohnt langen Sitzen auf engem Raum fertig wurden. Damit meinte er besonders Mäxchen. Der hatte viel gegessen und lange geschlafen. Zum Spielen und Bilderbuchlesen kniete er sich vor seinen Sitz und hatte so wenigstens auf diese Art etwas Bewegung.
Endlich kündigte die Stewardess die baldige Landung in Tucson an, der Stadt, in der Tante Betty und Onkel Bob wohnten. Sie bat die Passagiere, sich wieder anzuschnallen und die Rücklehnen aufrecht zu stellen. Rasch verlor

die Maschine an Höhe. Es knackte in den Ohren. In der Ferne konnten die Buben schon die lange Betonpiste des Flughafens, die Landebahn, erkennen.
Über Lautsprecher machte die Stewardess darauf aufmerksam, dass es jetzt erst nachmittags vier Uhr Ortszeit sei. Die Passagiere mussten ihre Uhren also um acht Stunden zurückstellen.

2. Ankunft in Tucson

Tante Betty und Onkel Bob warteten voller Spannung in der Ankunftshalle des Flughafens.
Es war nicht schwer, den Herrn zu erkennen, der soeben mit drei Jungen aus der Zollabfertigung herauskam. Freudig winkten sie und eilten auf die Vier zu. Es gab jede Menge herzlicher Umarmungen. Tante Betty strahlte über das ganze Gesicht. Sie konnte nicht genug davon kriegen, ihre Neffen immer wieder anzuschauen und an sich zu drücken. Was waren sie gewachsen und wie männlich sahen sie schon aus! Trotz der regelmäßig geschickten Fotos hätte sie die beiden kaum wiedererkannt.
Sehr sympathisch fand sie auch den Peter und Herrn Stahlberg. Sie freute sich so sehr über den Besuch aus der alten Heimat, dass sie rasch ihre Enttäuschung vergaß über das Fehlen ihrer Eltern, der Schwester und des Schwagers.
Onkel Bob, ihrem Mann, gefiel die Aussicht, in der nächsten Zeit mehr Leben und »action« im Haus zu haben. Ihm konnte es nicht turbulent genug zugehen.

Als sie mit dem schwer beladenen Gepäckwagen aus dem Flughafengebäude traten, schlug ihnen die Hitze des Wüstenstaates Arizona entgegen. Für die Gäste war das sehr ungewohnt. Während die Männer die Gepäckstücke im geräumigen Kofferraum verstauten, klärte Onkel Bob sie über das Klima auf.
»Yes, it is very hot here«, und die Angekommenen erfuhren, dass ihre Füße buchstäblich auf Wüstensand standen. Trockene Hitze über Tag so lange die Sonne scheint. Nachts dagegen empfindlich kühl.
Die Kinder merkten, dass ihr amerikanischer Onkel die deutsche Sprache nicht fließend beherrschte. Er suchte immer wieder nach Ausdrücken und fiel in seine englische

Muttersprache zurück. Trotzdem verstanden sie sein Kauderwelsch recht gut.
Im Auto saßen die Männer vorn und Tante Betty hinten auf der breiten Rückbank, die Jungen rechts und links neben sich. Einen Arm hatte sie um Mäxchen gelegt, den anderen um Lausespitz und Peter. Alle schwatzten und erzählten.
Onkel Bob schaltete die Klimaanlage ein. Sie blies angenehm kühle Luft ins Wageninnere. Er war gedanklich immer noch bei den Wetterbedingungen. Wasser sei sehr knapp, besonders im nördlichen Teil von Arizona, erzählte er. Deshalb wurden schon vor vielen Jahren hohe Staumauern gebaut, um das kostbare Nass der wenigen Flüsse in riesigen Seen zurückzuhalten. Auf diese Weise kann man es kontrolliert ablassen, Strom damit erzeugen und die Felder nach Wunsch berieseln. So können auch im regenarmen Wüstenstaat Arizona viele Menschen leben und sich schöne Gärten und sogar Schwimmbäder leisten.

Nach einer guten halben Stunde erreichte der große Wagen den Stadtrand, wo die Berge begannen. Sie bogen in eine breite Einfahrt, und dann hielten sie vor dem weißen, schmucken, zweistöckigen Wohnhaus von Betty und Bob Brown. Alles war großzügig angelegt. Hinter exotischen Pflanzen und Bäumen schimmerte das blaue Wasser eines Pools.
Nun waren sie endlich am Ziel ihrer monatelangen Sehnsucht angekommen!
Onkel Bob und Otto Stahlberg hatten während der Fahrt vom Flughafen bereits Freundschaft miteinander geschlossen. Sie mochten sich. Jetzt brachten sie gemeinsam die schweren Koffer nach oben.
Die Jungen schliefen zusammen in einem hellen Raum im Obergeschoss. Die Fenster gaben die Sicht frei auf die nahen Berge. Sie hatten außen Fliegengitter. Das wunderte sie, so was hatten sie noch nie gesehen.
Lausespitz blickte hinaus und meinte erstaunt zu den beiden anderen:
»Mensch, gibt es hier komische Bäume. Schaut mal raus!«
»Das sind ja Kakteen und dazu noch so viele«, rief Peter.
Den Jungen erschienen sie fremd und ungewohnt.

Onkel Bob war inzwischen in den Garten gegangen. Er sah die Jungen am Fenster und rief herauf:
»Hello, boys, come down, please!«
Das konnten sie schon verstehen. Neugierig rannten sie die Treppe hinunter zur Terrasse. Dort staunten sie nicht schlecht. Auf dem Gartentisch prangten sechs üppige Schalen mit Eiscreme. Drei waren besonders voll. Auf Tante Bettys einladenden Blick hin setzten sich die Kids genau vor diese Riesenportionen. Rein zufällig natürlich!
Lausespitz probierte als Erster und rief begeistert: »Mannomann, Tante Betty, das schmeckt ja irre! Viel besser als daheim!«

Bei diesen Worten verdrehte er die Augen und war ganz aus dem Häuschen.
»Wir könnten uns in Amerika eigentlich nur von Eis ernähren«, schlug Peter gleich begeistert vor.
Mäxchen saß derweil angespannt und mit gebeugtem Oberkörper vor seiner Schale. Schweigend ließ er Löffel für Löffel der kalten, cremigen Leckerei in seinem Mund verschwinden. Man sah es ihm an, er genoss sein erstes amerikanisches Eis in vollen Zügen.
Neckend fragte ihn die Tante:
»Du bist so ruhig, Mäxchen. Schmeckt es dir etwa nicht?«
Dieser schaute erstaunt auf und murmelte zwischen zwei Löffeln:
»Ich kann jetzt nichts sagen, ich esse doch«, wobei er wieder einen gehäuften Löffel in den Mund schob.
»Morgen gehen wir zusammen zum Supermarkt. Dort darf sich jeder in der Eisabteilung seine Lieblingssorte aussuchen«, schlug Tante Betty belustigt vor.
»Ich habe aber zwei Lieblingssorten«, warf Lausespitz witzig ein.
»Und ich habe drei«, rief Mäxchen mit vollem Mund dazwischen.
»Ich habe sogar vier Lieblingssorten, Tante Betty«, ergänzte Peter schlagfertig und fügte noch hinzu:
»Mein Vati hat sicher noch mehr. Er isst nämlich Eiscreme für sein Leben gern, noch viel lieber als ich.«
»And I love all sorts of ice-cream«, schloss sich Onkel Bob der allgemeinen Begeisterung an.
Rasch waren die Teller ratzekahl leergeputzt.

Draußen wurde es allmählich dunkel. Tante Betty rechnete ihren Gästen mit einem Blick auf die Uhr vor, dass es in Deutschland schon später als Mitternacht sei. Sie meinte, man sollte jetzt langsam schlafen gehen. Es würde einige Tage dauern, bis sie sich an den Zeitunterschied gewöhnt hätten.

Die Kinder stiegen nach oben. Als sie ihre Betten sahen, merkten sie plötzlich, wie bleiern müde sie von dem langen Flug waren. Rasch zogen sie sich aus und schliefen sofort ein.

3. Bei Tante Betty und Onkel Bob

Am nächsten Morgen wachten die Kinder erst auf, als die Sonne schon hoch am Himmel stand. Sie hatten herrlich und tief geschlafen. Den anstrengenden Flug und die Zeitumstellung schienen sie bereits überwunden zu haben. Hungrig aber voller Tatendrang rannten sie in ihren Pyjamas nach unten hinaus in den Garten. Dort plauderte Tante Betty angeregt mit Otto Stahlberg bei einem späten Frühstück.

»Wenn ihr wollt, könnt ihr zuerst im Pool schwimmen. Ich richte euch inzwischen etwas zu essen«, schlug sie vor.

Mit Indianergeheul sausten die Jungen die Treppe wieder hinauf. Eilig wechselten sie vom Pyjama in die Badehose und flitzten zurück in den Garten, wo Otto bereits im Schwimmbecken auf sie wartete.

Das Wasser war nicht besonders tief, Lausespitz und Peter konnten darin stehen. Das kleine Mäxchen schaffte es jedoch noch nicht, seinen Kopf ohne kräftiges Strampeln über Wasser zu halten. Sofort begann eine gewaltige Schlacht. Mit aller Kraft versuchten die Kinder, den großen Otto Stahlberg unterzutauchen.

Das war ein recht schwieriges Unterfangen, denn er schien Riesenkräfte zu haben. Mit einer Hand packte er Mäxchen, hob ihn hoch und setzte ihn auf seinen Nacken. Mit dem rechten Fuß spritzte er eine Breitseite Wasser nach der anderen in Peters Gesicht. Mit seiner Linken hielt er Lausespitz am Arm gepackt, sodass dieser überhaupt nichts machen konnte. Es war ein Riesenspaß! Umlegen oder Untertauchen konnten sie den kräftigen Mann nicht. Nun versuchten sie es mit einer anderen Taktik.

Peter gelang es, Herrn Stahlbergs Fußsohle zu fassen. Er kitzelte sie vorsichtig. Und ihr werdet es kaum glauben: Auf einmal fing dieser große Mann an zu kichern und zu

lachen. Hilflos zappelte er und schrie: »Aufhören! Aufhören! Ich kann nicht mehr!«
Aber diese Reaktion wollten die Drei ja erreichen, und sie verstärkten noch ihre Anstrengungen.
Was war das für ein Gelächter und ein Toben im Pool! Schließlich konnte Otto wirklich nicht mehr und gab auf. Er ließ Lausespitz los und plumpste mit Mäxchen auf den Schultern in voller Länge ins Wasser.
»Gewonnen, gewonnen!«, riefen die Buben. Sie waren außer Rand und Band.
Da erschien Tante Betty und forderte einladend: »Kinder, das Frühstück ist fertig! Umziehen! Kommt an den Tisch!«.
Schon war das Interesse an der Wasserschlacht wie weggeblasen.
Wieder mit lautem Indianergeheul, aber diesmal in große Badetücher gehüllt, eilten sie nach oben, zogen trockene Kleidung an und saßen rucki-zucki mit hungrigen Augen an dem reichlich gedeckten Frühstückstisch.

Was standen da für leckere Sachen: Den ersten Durst löschten sie mit frisch ausgepresstem Orangensaft. Die Apfelsinen waren selbstverständlich auf Bäumen in Amerika reif geworden. Anschließend gab es Rührei mit knusprig gebratenen Scheiben von durchwachsenem Speck. Später bestrich dann Tante Betty für die immer noch hungrigen Mäuler warmen Toast dick mit Erdnussbutter und Gelee. Dazu trank jeder ein großes Glas kalter Milch. Ach, was schmeckte es ihnen! Einfach super! Tante Betty hatte ihre wahre Freude an den schmatzenden Neffen. Diese waren sich einig, noch nie so gut gefrühstückt zu haben.

Endlich schienen die Bäuche gefüllt. Sie waren satt und lehnten sich träge zurück. Da meinte Lausespitz:

»Du, Tante Betty, ich schwitze gar nicht, obwohl hier doch heißes Wüstenklima sein soll.«

»Tja Lausespitz«, erklärte sie, »das liegt an der trockenen Luft. Ihr merkt es gar nicht, dass ihr schwitzt. Euer Schweiß wird sofort von der trockenen Luft aufgenommen. Zurück bleibt nur ein salziger Geschmack auf eurer Haut.«

Aufmerksam hörten ihr die Buben zu. Das mussten sie unbedingt prüfen. Mit der Zunge leckten sie am Unterarm. Sie stellten aber keinen Salzgeschmack fest. Eher schmeckte ihre Haut nach Schwimmbad. Sie waren richtig enttäuscht.

»Wartet nur ab«, beruhigte sie die Tante. »Wenn ihr erst mal ein paar Tage hier seid und euch viel im Freien bewegt habt, dann werdet ihr das Salz schon schmecken.«

Am Nachmittag lud Tante Betty die Kinder und Otto Stahlberg ein, mit ihr zum Einkaufen in den Supermarkt zu fahren.

Mäxchen fragte gleich: »Kaufen wir auch Eis?«

»Das wollen wir mal sehen. Vielleicht gibt es dort deine Lieblingssorte überhaupt nicht«, erwiderte Tante Betty schelmisch.

Vorsichtig rangierte sie ihr gelbes Auto aus der breiten Doppelgarage heraus, und schon befanden sie sich unterwegs Richtung Einkaufszentrum. Es war ein recht langer Weg. Die Entfernungen in Amerika sind viel größer als bei uns. Zu Fuß in die Stadt zu gehen, das war bei Tante Betty nicht möglich. Dafür hätten sie mindestens zwei Stunden gebraucht.

Langsam fuhr Tante Betty eine breite Geschäftsstraße mit viel Verkehr entlang. Mehrstöckige Häuser mit flachen Dächern säumten sie auf beiden Seiten. Während die Kinder voller Interesse die neue Umgebung in Augenschein nahmen, erklärte Tante Betty Herrn Stahlberg, wie

sehr sie die schönen Dörfer der alten Heimat mit ihren Fachwerkhäusern und Giebeldächern vermisse. Nachdenklich pflichtete ihr Otto bei. Die wenig abwechslungsreiche Architektur in dieser Straße mit der langen Reihe immer gleicher Häuser kam auch ihm eintönig vor. Das gefiel ihm einfach nicht.
Betty bog auf einen weitläufigen Parkplatz ein, größer als zehn Fußballfelder. Um ihn herum gruppierten sich an drei Seiten jede Menge kleiner und großer Geschäfte. Die volle Stirnseite nahm ein riesiger Supermarkt ein. Für ihr Auto fand Tante Betty ohne Probleme einen Platz nahe am Haupteingang.

Otto Stahlberg und die Kinder waren überwältigt, als sie den riesigen Supermarkt betraten. Alles war so groß, so sauber und so hell. Freundliche Helfer warteten vereinzelt vor den langen Reihen der Verkaufsregale. Sie berieten die Kunden und halfen ihnen, wenn nötig.
Selbst die Einkaufswagen erschienen viel größer als zu Hause.
Das Angebot an Lebensmitteln überstieg um ein Vielfaches das, was sie von daheim gewohnt waren. Die Gänge zwischen den Regalen schienen ihnen kilometerlang zu sein. Angenehm kühle Temperatur und gedämpfte Musik sorgten dafür, dass die Kunden sich wohlfühlten.
Als sie zu den Regalen mit den Süßigkeiten kamen, gingen den Kindern die Augen über. Riesenpackungen, gefüllt mit Bonbons, Gummibärchen, Kaugummi, Plätzchen und Schokolade türmten sich vor ihren Augen auf. Natürlich gab es auch etwas für den kleinen Appetit.
Gleich nebenan war die Kuchenabteilung. Hier reihten sich in und auf den einladenden Glastheken die üppigsten Cremetorten mit rosa, blauen, roten und grünen Marzipanblumen oder Micky Mouse-Verzierungen. Es war wirklich für jeden Geschmack vorgesorgt!

In der nächsten Reihe hatten die Kinder das Gefühl, als wenn es plötzlich kälter würde. Tante Betty blieb jetzt stehen und forderte sie auf: »So Kinder, hier könnt ihr euch etwas aussuchen!«

Jetzt erst begriffen die Buben. Sie standen vor mannshohen Gefrierschränken, gefüllt mit Speiseeis.
Wohin ihr Auge auch fiel, sie sahen nichts als Eis.
Eiscreme in allen nur vorstellbaren Sorten und Qualitäten in Hülle und Fülle.
Es gab unzählige Arten von Frucht- und Sahneeis, zum Schlecken mit Waffel, zum Löffeln aus Töpfchen oder im Vorratsblock.
Angeboten wurde alles in grell-bunten oder cremefarbenen, großen und kleinen, in viereckigen, runden und länglichen Packungen oder sogar in Eimern.
Im nächsten Glasschrank stapelten sich Eistorten jeder Größe mit und ohne Geburtstagszahl. Den Kindern schwirrte der Kopf von dieser verwirrenden Vielfalt.
Lausespitz ging zurück zum Anfang der langen Gefrierschrank-Reihe und lief sie messend mit langen Schritten ab:
»Wau, fünfzehn Meter Eis in den Schränken und alles höher als der Papa.«
Obwohl die Jungen die englischen Aufschriften auf den Packungen nicht entziffern konnten, verstanden sie anhand der Bilder, was sie enthielten.
Sie begannen nun, sich ein Eis auszuwählen, was ihnen aber sehr schwer fiel. Das Angebot war einfach zu reichhaltig. Lange brauchten sie, bis sie sich entschieden hatten. Peter nahm ein hell-gelbes Popcorn-Eis, Lausespitz griff nach dem gift-grünen Dino-Eis und Mäxchen wollte die rosarote Sorte mit den bunten Kaugummistückchen haben.
»Okay«, sagte Tante Betty kopfnickend, als die Drei ihre Pakete in den Wagen legten, und auf ging es zur Kasse.

Dort nahm die Kassiererin, nachdem sie Tante Betty das Wechselgeld gegeben hatte, eine braune Tüte, packte die gekauften Waren hinein und reichte sie mit freundlichem Lächeln dem verdutzten Otto Stahlberg.
»Das ist aber ein Service«, meinte dieser beim Verlassen des Supermarktes. »Hier ist der Kunde wirklich noch König!«

Die Kinder hatten es auf einmal recht eilig, nach Hause zu kommen.
Das Eis aber sollte es erst nach dem Abendessen als Dessert geben. Ganz enttäuscht schauten sie drein, staunten jedoch, als ihre Tante sie beruhigte:
»Keine Bange, in Amerika wird früh zu Abend gegessen. Wenn Onkel Bob etwa um 17 Uhr aus seinem Büro kommt, hat er einen Bärenhunger. Das ist auch kein Wunder, denn außer seinem kräftigen Frühstück mit Eiern und Speck und einem raschen Sandwich in der kurzen Mittagspause, hat er den ganzen Tag nichts gegessen.«

Zwei Stunden später saßen Tante Betty und Onkel Bob mit ihren Gästen vor nahezu leergeputzten Tellern und Schüsseln, den wenigen Überresten eines köstlichen Abendessens. Nicht nur Onkel Bob hatte kräftig zugelangt, auch Otto und die Jungen standen ihm nicht nach. Tante Betty war richtig froh, wie gut ihre Küche ankam.
Beim Anrichten der Nachspeise halfen ihr die Buben eifrig. Jeder bekam von seinem Wunscheis drei große Löffel voll und von den anderen Sorten einen kleinen zum Probieren. Mit glänzenden Augen trugen die Kinder ihre vollen Schalen hinaus zur Terrasse. Tante Betty brachte die restlichen auf einem Tablett hinterher.
»Hmmm, yammi, yammi,« grunzte Mäxchen zufrieden.
»Mein Popcorn-Eis schmeckt flippig gut, bei dem bleibe ich«, strahlte Peter anerkennend. Und Lausespitz meinte:

»Wahnsinn, dieses Eis! Wir sollten täglich nur noch Eiscreme essen, solange wir bei euch sind, Tante Betty!«
Otto Stahlberg äußerte sich in gleicher Weise und erklärte, verschmitzt in die Runde blickend:
»Die vier Herren aus Deutschland möchten der Hausfrau beim Kochen eine spürbare Arbeitserleichterung verschaffen. Sie verpflichten sich freiwillig, mindestens einmal täglich dieses leckere Eis zu verzehren.« Lautes Johlen bekräftigte den Vorschlag. Tante Betty lachte glücklich und freute sich, dass es allen so gut schmeckte.
Ihr Mann Bob erzählte, dass er schon sein ganzes Leben lang mit Begeisterung Eis essen würde. Jetzt verstünden die »boys« wohl auch, warum er in Amerika wohnen müsse und nicht mit seiner Frau nach Deutschland ziehen könne. Dort fehlten ihm nämlich die vielen amerikanischen Eissorten.
Nach dem Motto »Ich glaube zwar viel, aber noch längst nicht alles«, grinste Lausespitz ungläubig zu seinem Onkel hinüber. Auch Peter schaute skeptisch aus der Wäsche.
Mäxchen dagegen schien den Onkel voll zu verstehen. Schmatzend erklärte er, er würde ohne weiteres gerne für immer in Amerika leben. Allerdings am liebsten neben einem Supermarkt! Und dabei lief er in Gedanken nochmals den langen Gang mit den vielen Eiscreme-Sorten ab.

Da begann Onkel Bob in seine Hände zu klatschen und zuerst leise, dann langsam lauter werdend, rhythmisch zu sprechen:
»I scream – you scream – we all scream – for – ice-cream!«

Natürlich verstanden die Kinder nicht genau, was er sagte. Tante Betty musste übersetzen.
»Das ist ein ulkiges Wortspiel. Es heißt: »Ich schreie, du schreist, wir alle schreien nach Eiscreme!« Die genaue Übersetzung klingt im Deutschen langweilig, aber im Eng-

lischen ist das Wortspiel sehr lustig. »I scream« bedeutet auf Deutsch »ich schreie oder ich rufe« und »ice-cream« ist die Übersetzung für »Eiscreme«, was ihr ja kennt. Im Englischen klingt das fast gleich, es kommt nur auf die kleine Sprechpause an. Probiert es einmal selbst!«

Die Kinder wiederholten den Satz zuerst zaghaft, dann immer begeisterter, bis sie ihn flüssig hersagen konnten. Sie flüsterten und brüllten ihn, sie sangen und sie tanzten ihn. Kurzum, sie hatten einen Riesenspaß und ihren ganz großen Hit!

II.
Bekanntschaft mit einer fremden Welt

1. Spazierritt im Kakteenwald

Am vierten Abend stellte Onkel Bob wie beiläufig fest, sie hätten sich nun drei Tage lang ausreichend eingelebt, sodass man jetzt mehr unternehmen könne. Er schlug vor, früh ins Bett zu gehen, weil er mit ihnen am nächsten Morgen viel vorhabe.
Aufgeregt und neugierig bestürmten ihn die drei Buben. Was plante er mit ihnen? Sie verstanden längst nicht alles von Onkel Bobs gebrochenem Deutsch, das zudem noch stark mit englischen Ausdrücken durchsetzt war.
»Pony« meinten sie herauszuhören und »picnic«. Sie lernten, dass »desert« mit der Betonung auf der ersten Silbe nicht Nachspeise sondern Wüste heißt. Der Onkel meinte damit, die steppenähnliche Steinwüste, welche die Stadt umgibt.
Auch das Wort »Cactus« verstanden sie. Es hatte die gleiche Bedeutung wie im Deutschen. »Und »Saguaro Cactus««, erklärte Tante Betty »ist ein besonders großer, markanter und baumähnlicher Kaktus. Wie ihr schon gesehen habt, wächst er hier überall. Er ist deshalb das Wahrzeichen dieser Gegend. Das Wort stammt von den Indianern und wird »Suwahrou« ausgesprochen.«
»Come on boys, it is bed time!«, drängte der Onkel mit einem Blick auf seine Uhr.
Die Jungen verstanden ihn allmählich immer besser. Sie machten schon Fortschritte in der fremden Sprache. Trotzdem kriegten sie aber nicht so recht heraus, was für den nächsten Tag geplant war.
»It is a surprise«, sagte der Onkel geheimnisvoll und Tante Betty übersetzte, es sei eine Überraschung. Sie dürfe deshalb nichts verraten.

Schon um sechs Uhr am nächsten Morgen war großes Wecken. Die Sonne ging gerade auf und tauchte die bergige Landschaft in strahlendes Licht. Kein Wölkchen stand am blauen Himmel. Tante Betty hatte das Frühstück bereits vorbereitet. Während die Kinder in der Küche kräftig zulangten, füllte sie eine Kühlbox mit zahlreichen Päckchen unterschiedlicher Größe.
Rasch wurde alles ins Auto geladen, und dann ging's los. Sie wollten nämlich die angenehme Morgenkühle ausnutzen. Nach kurzer Fahrt erreichten sie die braun-grünen Berge nicht weit vom Stadtrand. An einer weiträumig eingezäunten Wiese mit zahlreichen Pferden hielten sie an. Aus einem Schuppen trat ein älterer Mann auf sie zu und rief:
»Hello, welcome boys!«
Er deutete auf eine Gruppe von kleineren und größeren Pferden, die gesattelt am Holzzaun angeleint standen.
Die Erwachsenen waren alle geübte Reiter, auch Otto Stahlberg. Mit Kennerblick begutachteten sie die schönen, gut gewachsenen Tiere.
Die Jungen allerdings zeigten sich keineswegs begeistert. Sie fühlten sich unsicher. Noch nie hatten sie auf einem richtigen Pferd gesessen, außer natürlich zu Hause bei der Kirmes auf der Festwiese.
Der freundliche Mann teilte Reiterhelme aus. Lachend sprach Onkel Bob den Jungen Mut zu:
»Come on! Ihr schafft das schon. Sit on the ponies!«
Betty meinte beruhigend, die Pferde seien mehr als zahm und nicht gefährlich.
Die Buben wollten sich natürlich nicht blamieren. Mit zusammengebissenen Zähnen, aber weich in den Knien gingen die drei ans Werk. Alle Erwachsenen beobachteten sie gespannt. Mäxchen gelang es nicht, mit dem linken Fuß in den Steigbügel zu kommen. Otto Stahlberg half und hob ihn einfach hoch in den Sattel.

Lausespitz und Peter waren sich klar: Hier durften sie nicht kneifen. Sie fassten den Sattelknopf, setzten den Fuß in den Steigbügel und schwangen sich hinauf auf den Rücken der Pferde. Gott sei Dank, das war geschafft!
Nun saßen sie hoch zu Ross. Ungewohnt war es schon da oben, obwohl ihre Pferde kleiner waren als die der Erwachsenen. Bereits nach wenigen Minuten hatten sie sich an den ungewohnten Ledersitz gewöhnt und begannen sich immer wohler zu fühlen. Bald streichelten und klopften sie vorsichtig den Hals ihrer Tiere.
Dann gab Onkel Bob das Zeichen zum Aufbruch, und los ging's, ein Vierbeiner hinter dem Anderen. Natürlich nur im Schritt.
Langsam ritten sie in das unzugängliche Wüstengebiet hinein. Anfangs gab es noch Pfade, die aber bald im Gestrüpp endeten.

Die Pferde kannten den Weg genau. Sicher setzten sie ihre Hufe auf, vorbei an hartblättrigen Sträuchern und buschigen, zwergwüchsigen Laubbäumen.
Was die Kinder maßlos wunderte: Es gab locker verstreut Riesenkakteen, wohin das Auge auch schaute. Von zu Hause her kannten sie Kakteen nur als Topfpflanzen. Hier waren sie so groß wie Bäume.
Manche der grünen Riesen sahen richtig lustig und komisch aus. Sie schienen den Vorbeireitenden mit ihren stacheligen Armen zuzuwinken, oder sich tief vor ihnen zu verbeugen. Andere wieder standen aufrecht da und reckten ihre Zweige wie Arme in den blauen Himmel.
Dazwischen ragten andere Kakteenbäume wie Orgelpfeifen in den morgendlichen Himmel.
Am auffälligsten aber waren die gigantischen Saguaros, die stacheligen Könige der Wüste, die Komiker der Einöde.

Der Ritt durch die steinige Landschaft machte den Kindern großen Spaß. Sie staunten immer wieder aufs Neue. Es gab so viel Interessantes zu entdecken. Onkel Bob und Tante Betty waren pausenlos beschäftigt, ihre Fragen zu beantworten.

Langsam wurde es wärmer, die Sonne stieg höher und die Schatten wurden kürzer. Wie gut, dass sie nicht selbst laufen mussten in dieser öden Gegend. Das taten die Pferde für sie.

Inzwischen hatten sie sich schon recht gut an die Reittiere gewöhnt. Sie saßen fest in ihren Sätteln und stützten sich mit den Füßen in den Steigbügeln ab. Es war einfach große Klasse, unter Onkel Bobs Führung durch die Kakteen-Wüste zu reiten.

Der Boden war steinig und knochentrocken. Regen schien hier wirklich selten zu fallen.

Sie ritten weiter aufwärts, vorbei an den hohen Kakteen mit ihren langen Stacheln.
Nachdem sie den schmalen Kamm zwischen zwei Bergen erreicht hatten, ging es auf der anderen Seite wieder steiler abwärts. Jetzt kamen sie durch ein Gebiet, in dem die Kakteen dichter standen:
»Wir reiten ja durch einen richtigen Kakteenwald«, rief Lausespitz erstaunt.
»Du hast wirklich recht«, ergänzte Tante Betty hinter ihm. »In den Bergen hier stehen an manchen Stellen so viele Kakteen, dass man von einem Wald sprechen kann.«
Mit Unterstützung seiner Frau erklärte Onkel Bob, dass die Sonora-Wüste ein riesiges Naturschutzgebiet sei. Sie erstreckt sich über weite Gebiete im Süden Arizonas bis hin nach Kalifornien und sogar bis nach Mexico hinein. Wüste bedeutet eigentlich immer wenig Wasser und deshalb extreme Trockenheit. Alles Leben braucht aber Wasser, sonst kann es sich nicht entwickeln. Es muss also mit dieser Wüste etwas Besonderes sein, weil es hier so viele große Pflanzen und auch Tiere gibt.

2. Picknick unter Kaktusbäumen

Inzwischen war der Vormittag schon weit vorangeschritten. Die Sonne brannte jetzt steil auf sie herunter. Schatten gab es keinen. Die steigende Hitze brachte die Luft zum Flimmern.
Mit den Worten »O.k., let's have our picnic now«, schlug Onkel Bob eine Rast vor.
Die Buben waren natürlich sofort damit einverstanden.
Sie suchten sich ein ebenes Plätzchen mit wenig Steinen und Gestrüpp, wo man einigermaßen gut sitzen konnte.
Sie saßen ab und banden die Tiere an langen Leinen an Kakteen fest.
Dann packten die Männer alles aus, was sie in den Satteltaschen verstaut hatten.
Eine große Pferdedecke diente als Ersatz für Tisch und Stühle.
Tante Betty zauberte auf ihrem »Tischlein-deck-dich« ein leckeres »Lunch«, ein Mittagessen, bei dessen Anblick den Jungen hier in der kargen Natur das Wasser im Munde zusammenlief.
Aus der Kühlbox und den anderen Behältern holte sie gegrillte Hähnchenschlegel, Tomaten, Kartoffelchips mit Käsedip, Möhren, und Weißkohl-Salat. Vor allem aber für jeden eine ganze Thermosflasche voll mit kaltem Zitronentee. Das tat gut, denn sie waren unterwegs sehr durstig geworden. Alle langten ordentlich zu. Es schmeckte ihnen bestens, trotz der sengenden Sonne und der unbequemen Sitzgelegenheit.

Lausespitz beobachtete mit kauendem Mund und wachem Blick seine Umgebung:
Die trockene, staubige Landschaft mit dem in der Mittagshitze flimmernden Horizont. Die braunen Berge, die vielen Kakteen und ihre geduldig wartenden Reittiere, die aus zwei mitgebrachten Kanistern Wasser tranken.

Nach einer Weile sagte er: »Ach wisst ihr, ich komme mir vor wie in einem Cowboy-Film. Es fehlen nur die Rinderherden. Na ja, die kann es hier auch nicht geben, die finden in dieser wasserlosen Gegend nichts zu trinken und zu fressen.«
»Du hast Recht, so große Tiere können in der Wüste nicht leben«, erklärte Onkel Bob mit sprachlicher Unterstützung seiner Frau.
»Aber andere, viel kleinere haben sich der Natur angepasst und finden einen reich gedeckten Tisch.«
Während sie ihr Picknick unter freiem Himmel genossen, lauschten die Gäste aus Deutschland voller Interesse seinen weiteren Worten.
»Die Menschen können in dieser Wüste ohne ausreichende Vorräte an Wasser und Nahrung nicht lange überleben. Ein Erwachsener verdunstet über die Haut in diesem Klima in nur einer Stunde bereits ein Viertel seiner Körperflüssigkeit. Das liegt an der Hitze und der trockenen Luft. Deshalb ist es lebenswichtig, auf den Tag verteilt viel Wasser zu trinken Ohne dieses lebensspendende Nass verdurstet ein Mensch hier draußen in der freien Natur sehr schnell.«

Wie schaffen es aber die Pflanzen zu überleben und jedes Jahr aufs Neue, ihre Blütenpracht zu entwickeln?
»Wüstenpflanzen haben dafür im Laufe ihrer Jahrtausende langen Entwicklung drei schlaue Tricks angewandt«, fuhr Onkel Bob fort.

Trick Nummer eins:
Sie wachsen nur dann, wenn es feucht genug ist, das heißt, wenn es geregnet hat.
Regen fällt aber nur im Frühjahr und dann auch nur sehr wenig. Man sagt, in Arizona scheint die Sonne 360 Tage im Jahr.

Weil es wenig regnet, dauert es auch so lange, bis ein Kaktus ausgewachsen ist. Erst nach fünfzig Jahren ist er so groß wie ein Mensch und mit 75 Jahren beginnt er, sich erstmals zu verzweigen und seine oft ulkig aussehenden Arme zu entwickeln.
Der Saguaro Kaktus wird bis zu zwanzig Meter hoch. Dazu braucht er hundert Jahre.
Im Juni trägt er unzählige saftige Früchte mit grüner Schale und rotem Fruchtfleisch. Die Indianer kochen daraus Marmelade oder Sirup.

Trick Nummer zwei:
Sehr geschickt schützt sich der Kaktus vor der trockenen Wüstenluft, die ihm sonst die knappe Feuchtigkeit auch noch wegnehmen würde. Ähnlich wie wir Menschen cremt er sich ein. Über feine Poren drückt er eine dünne Wachsschicht auf seine grüne Außenhaut.
Auch wenn die Sonne noch so heiß scheint und die Luft noch so trocken ist: Die Wachsschicht verhindert, dass aus den dicken Kaktusstämmen Feuchtigkeit nach außen tritt.
Gespannt hörten die Jungen zu. Mit Tante Bettys Hilfe verstanden sie ihren Onkel schon recht gut.

Nun kam er zum dritten Überlebenstrick:
Die Kakteen haben im Erdboden ein weit verzweigtes Wurzelwerk. Damit nehmen sie, wenn es regnet, viel Wasser auf.
Was aber ganz entscheidend ist:
Sie verbrauchen es nicht sofort, sondern speichern es in ihrem dicken Stamm.
Von diesem Vorrat können sie dann ein ganzes Jahr zehren, bis es mal wieder regnet.

Voller Interesse hingen die Augen der Buben an den Lippen des Onkels. Nachdenklich warf Lausespitz ein:

»Jetzt weiß ich auch, warum Mutti immer sagt, ich soll die Kakteen am Küchenfenster nicht so viel gießen.«
Mäxchen aber schüttelte sich entsetzt: »Ein ganzes Jahr aushalten, ohne etwas zu trinken zu kriegen? Das könnte ich nicht! Ich würde sterben vor Durst. Ich bin froh, dass ich kein Kaktus bin«, und er nahm einen kräftigen Schluck Zitronentee aus seiner Thermosflasche.

Tante Betty wusste auch noch etwas zum Thema Kaktus beizutragen:
»Ihr glaubt gar nicht, wie erfinderisch die Natur ist, und wie geschickt sich Pflanzen und Tiere an ihre Umgebung angepasst haben.
Da lebt zum Beispiel zwischen den Kakteen ein Tier, das ähnlich aussieht wie ein kleines Wildschwein. Es ernährt sich von den fleischigen Blättern niedriger Kaktusbüsche. Sie enthalten genug Feuchtigkeit, sodass dieses Tier leben kann ohne etwa zu trinken. Die gefährlichen, spitzen Stacheln scheinen ihm nichts auszumachen.

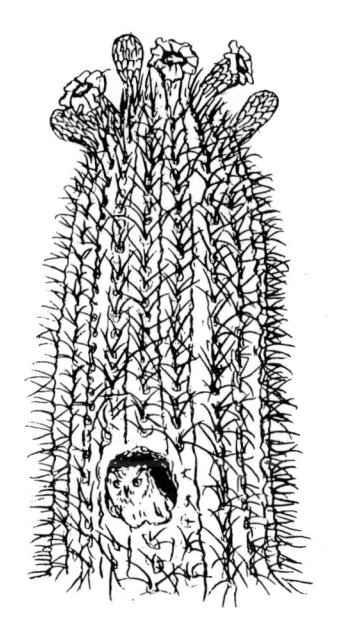

Die saftigen Früchte der Kakteen, aus denen die Indianer Marmelade kochen, sind auch für viele Tiere ein besonderer Leckerbissen. Fledermäuse trinken gern den süßen Nektar der Blüten. Und der Kojote, so heißt der amerikanische Steppenwolf, pirscht sich nachts heran, um die herabgefallenen, reifen Früchte zu fressen. Kaum ist er verschwunden, eilen Scharen von Ameisen herbei. Eifrig schleppen sie die Reste der aufgeplatzten Früchte in ihre Bauten.

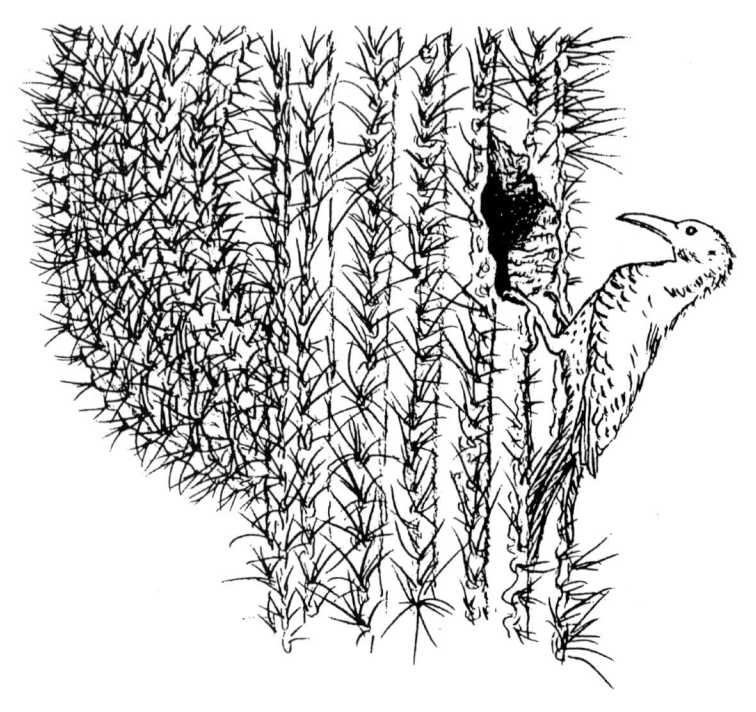

Eulen, Habichte und Spechte fühlen sich oben in den großen Kakteen besonders wohl. Mit dem Schnabel hacken sie Löcher in die Stämme und bauen darin ihre Nester. Die Jungen wachsen also im Innern der stacheligen Bäume auf.«

Es war Peter, der jetzt Vergleiche mit zu Hause anstellte und nachdenklich meinte:

»Da haben es die Vögel hier mit dem Nestbau in den ziemlich weichen Kakteenstämmen doch leichter. Bei uns im Wald muss ein Specht viel mehr arbeiten, bis er ein Loch in das harte Holz eines Laubbaumes gehackt hat.«
Otto Stahlberg nickte anerkennend und freute sich, dass Peter so gut vergleichen und kombinieren konnte.

Das Lunch war längst beendet. Die Buben hatten alles aufgegessen. Onkel Bob schaute auf die Uhr. Es wurde Zeit aufzubrechen.
Tante Betty holte zum Abschluss aus der Kühlbox noch rasch kleine Becher mit Eis heraus und reichte sie den Kindern. Kaum zu glauben, mitten in der Kakteenwüste hatten die Drei jetzt auch noch ihr Lieblingseis in Händen.
»Das war wirklich ein perfektes Lunch,« meinte Lausespitz anerkennend zu seiner Tante, als er aufstand.
Die Pferde scharrten unruhig mit den Hufen. Eines wieherte sogar leise. Sie witterten, dass es jetzt heimwärts gehen sollte.

3. Schulunterricht – anders in Amerika

Jeden Tag überraschte Tante Betty ihre Besucher aus Deutschland mit etwas anderem. Sie waren erst zwei Wochen bei ihr, und wie viel hatten sie schon gesehen und erlebt!
Von den bisherigen Ereignissen nahm natürlich der Ritt durch die Kakteenwüste den ersten Platz ein. Aber auch zahlreiche Kurzausflüge erfreuten sich bei den Kindern großer Beliebtheit.
Besonders interessant fanden sie die Besichtigung der Elementary School. Das ist die Grundschule in Amerika. Das Schulgebäude sah ähnlich aus wie das von Lausespitz und Peter in Deutschland. Pausenhof und Sportplatz waren jedoch viel größer. Schade nur, dass jetzt auch die Kids in Amerika Ferien hatten. Das Tor war abgeschlossen, so konnten sie das Haus nur von außen sehen. Auf einem weiten Parkplatz in der Nähe zählte Peter zehn gelbe Schulbusse, die dort abgestellt waren und auf das Ferienende warteten.

Tante Betty erklärte, dass die amerikanischen Schüler sechs Jahre lang die Grundschule besuchen und auch über Mittag dort bleiben. Sie bringen sich ihr Essen mit oder kaufen es in der Schule. Der Unterricht beginnt erst um acht Uhr dreißig, dauert aber bis etwa fünfzehn Uhr.
»Das ist gemein«, warf Peter ein. »Bis die Hausaufgaben fertig sind, ist es zum Spielen draußen zu spät.«
»Im Gegenteil, Peter, der lange Unterricht bringt auch Vorteile«, antwortete die Tante. »Hier bei uns machen die Kinder ihre Hausaufgaben nämlich in der Schule. Zu Hause haben sie dann frei. Deswegen brauchen sie auch keinen Ranzen für Bücher und Hefte. Sie lassen einfach alles in der Schule.«
Die Kinder staunten nicht schlecht.

»Stark, saustark«, kommentierte Lausespitz, und er stellte sich vor, wie schön das auch in Deutschland wäre.
»Tante Betty, wieso weißt du überhaupt so genau Bescheid? Du bist doch in Deutschland zur Schule gegangen«, wollte Lausespitz neugierig wissen.
»Das stimmt. Ich kenne mich aus, weil ich in dieser Schule beim Austeilen des Mittagessens geholfen und die Kinder während des Essens beaufsichtigt habe. Die Lehrer brauchen schließlich auch eine Pause. Als ich wieder voll in meinem Beruf arbeitete, ging das dann nicht mehr.«
»Du, Tante Betty«, tönte da Mäxchens Stimme, »was für Essen kriegen denn die Kinder in der Schule?«
Betty erklärte, dass sie jeden Tag zwischen drei Gerichten wählen können. Da gibt es zum Beispiel Pizza, Fisch und Chips, Hamburger, Spaghetti mit Fleisch- oder Tomatensoße, Hühnchen, Maisgemüse, Erbsen und Karotten, Pommes und noch mehr. Außerdem bekommen die Schüler ein Dessert, das aus Obst oder Grütze, Creme oder Kuchen besteht.
Mäxchen schleckte sich bereits die Lippen, als er fragte:
»Gibt's da auch manchmal Eis?«
»Klar, besonders im Sommer und zwar Eis am Stiel.«
»Du, Tante Betty«, meldete sich da Mäxchen abermals, und einschmeichelnd nahm er ihre Hand. »Hättest du nicht gerne so einen netten, kleinen Jungen wie mich für immer bei dir?«
Jetzt lachten alle laut los, weil sie sofort Mäxchens schlitzohrigen Grund für diese Frage erfassten. Tante Betty schaute zärtlich auf ihren Neffen:
»Natürlich Mäxchen! Dich würde ich sofort hier behalten. Aber deine Mutter gibt dich garantiert nicht her!«

4. Ausflug zum Wüstenmuseum

Am nächsten Tag besuchten sie das Wüstenmuseum. Dort gab es so viel Interessantes zu sehen, dass sie bis zum späten Nachmittag blieben.
Ein großes Freilandmuseum zog sich am Hang entlang und gab den weiten Blick frei auf eine karge, trockene Ebene mit begrenzenden Bergen im Hintergrund.
Der Besucher lernt über dreihundert verschiedene Kakteenarten kennen. Besonders zahlreich vertreten sind die Saguaros, das Wahrzeichen des Staates Arizona.
Man kann aber auch viele Tiere zu sehen, große und kleine, die sich dem lebensfeindlichen Wüstenklima erstaunlich gut angepasst haben.
Zum Beispiel der kleinste Vogel Amerikas, der Kolibri, der gern den süßen Nektar der Kakteenblüten trinkt.
Die Jungen drückten sich förmlich ihre Nasen an der gläsernen Trennwand platt, um die bunt-schillernden Hummingbirds, wie die Kolibris auf Englisch heißen, zwischen Blüten und Blättern zu entdecken. Das erforderte einen scharfen Blick, denn die nur daumengroßen Vögel ließen sich im dichten Blattwerk der Büsche und Bäume schwer erkennen.

Dicht hinter der Glaswand stand ein blau-grün-weiß schimmernder Kolibri wie ein Hubschrauber in der Luft. Unvorstellbar rasch schwirrten seine kleinen Flügel hin und her. Die Kinder konnten den Bewegungen mit ihren Augen nicht folgen. Mit seinem langen, schlanken Schnabel saugte er Nektar aus einer prächtig roten Blüte. Onkel Otto übersetzte den Text der Informationstafel:
»Hummingbirds werden nur zwei bis sechs Zentimeter groß und wiegen bis zu fünf Gramm.« Lausespitz und Peter konnten sich schon etwas unter dem Gewicht vorstellen. Sie wollten nicht glauben, dass ein solches Leichtgewicht

so flink, schön und kraftvoll sein konnte. Achtzigmal in der Sekunde bewegt der Kolibri seine Flügel, wenn er in der Luft steht. Kein Wunder also, dass man die einzelnen Flügelschläge überhaupt nicht auseinander halten kann.

Tante Betty lud ihren Besuch ein, auf einer Bank ein wenig auszuruhen. Sie erklärte:
»Diese Gegend hier ist uraltes Indianerland. Die Kultur dieser frühen Einwohner ist reich an Tiergeschichten. Ähnlich wie in unseren deutschen Märchen und Fabeln, sind auch bei den Indianern die kleineren Tiere oft die guten, klugen und wagemutigen. Gerade die Unscheinbaren und auf den ersten Blick Schwach-Wirkenden entwickeln überraschende Kräfte, um Menschen oder anderen Tieren aus großer Not zu helfen. Mir fällt da eine Geschichte von einem Hummingbird ein. Wenn ihr wollt, erzähle ich sie euch. Ihr könnt dabei die winzigen Flieger weiter beobachten.«
Die Kinder und auch Otto waren begeistert und spitzten die Ohren.

»Vor langer Zeit«, begann Betty, »lebte in der Nähe dieses Tales, in dem wir uns hier befinden, ein Indianerstamm, der allmählich in immer größere Not geriet. Der Herr des Himmels schickte nämlich keinen Regen mehr und das schon drei Ernten lang. Die Erde wurde immer trockener. Große Risse taten sich auf, es wuchs nichts. Die Menschen hatten kaum etwas zu essen, und Wasser war eine Kostbarkeit. Als sich im vierten Jahr immer noch keine Regenwolken am Himmel zeigten, blieb den ausgehungerten Indianern nichts anderes übrig, als ihre Heimat zu verlassen, um nach einer fruchtbareren Gegend zu suchen. Zwei Kinder aber, ein Junge und ein Mädchen, waren so schwach, dass sie nicht mehr mit konnten. Sie mussten zurückbleiben, so traurig das auch war.

Da saßen sie nun ganz allein, hungrig und durstig und wussten nicht, was sie tun sollten.
Plötzlich schwirrte ein kleiner Kolibri heran und blieb neugierig vor ihren Nasen in der Luft stehen. Die Kinder waren sehr erstaunt über dieses quirlige Vögelchen. Sie glaubten nämlich, in dieser trockenen, dürren Gegend ganz allein zu sein. Nun begannen sie zu hoffen und fragten den Vogel, ob er ihnen in ihrer Not nicht helfen könne. Der hörte sich ihr Wehklagen geduldig an und flog dann weg, um den mächtigen Vater aufzusuchen.
Es dauerte lange, bis er ihn gefunden hatte. Er war nicht zu Hause. Andere, böse Götter hatten ihn entführt und in einer Wohnburg versteckt, die in einer unzugänglichen Felswand lag. Dort tanzten sie mit ihm wilde Tänze in einem unterirdischen Raum. Dieser Raum war kreisrund und den Indianern heilig. Sie nannten ihn Kiva. Der mächtige Himmelsvater war so mit Tanzen beschäftigt, dass er darüber seine Pflichten auf der Erde vergaß und gar nicht merkte, wie das Elend bei den Indianern immer schlimmer wurde.
Der kleine Vogel nahm seinen ganzen Mut zusammen und berichtete dem großen Geist von der Not drunten im Tal. Betroffen hielt der mächtige Vater im Tanz inne, verließ die Kiva und führte den Kolibri zu einer Vorratsscheuer, die mit frisch duftenden Maiskolben gefüllt war. Dort durfte der Winzling den gewaltigsten und saftigsten Kolben auswählen. Daraufhin ließ der mächtige Vater die Frucht so klein zusammenschrumpfen, dass der Vogel sie bequem im Schnabel davontragen konnte.
Bei den hungernden Kindern angekommen, legte er ihnen den Maiskolben zu Füßen. Kaum hatte dieser den Erdboden berührt, da nahm er wieder seine ursprüngliche Größe an. Ihr könnt euch vorstellen, wie erfreut die beiden über die leckere Nahrung waren, und mit welchem Heißhunger sie den süßen Mais bis zum letzten Körnchen hinunterschlangen!

Nun ließ es der Himmelsvater regnen, viele Wochen lang. Bald waren die Felder wieder grün und trugen Früchte. Das sprach sich rasch herum. Die Indianer kehrten zurück in ihr Tal und in ihre Häuser. Der Junge und das Mädchen aber vergaßen ihr Leben lang nicht den kleinen Vogel, der ihnen das Leben gerettet hatte.«

Gespannt lauschten die Kinder Tante Bettys Fabel und waren ganz enttäuscht, als sie schon zu Ende war. Die Ruhepause auf der Bank hatte ihnen gut getan. Nun drängte es sie weiter zum Schlangenhaus und zum Gehege mit den kleinen Wüstenschweinen, die keine Furcht vor den spitzen Stacheln der Kaktusfrüchte zeigen. Diese saftigen Bissen zählen sogar zu ihren Lieblingsspeisen. Geschickt schlucken sie die Stachelfrüchte, ohne sich zu verletzen.
Heiß brannte die Sonne vom Himmel. Obwohl die Laubbäume am Wegesrand angenehmen Schatten spendeten, waren alle begeistert, als Onkel Otto vorschlug, eine weitere Rast in der Cafeteria des Museums einzulegen. Dort war es schön kühl, die Klimaanlage lief auf vollen Touren.
Mit Kennerblick studierten die Kinder die Bilder der Speisekarte. Sie fanden es toll, schon vor der Bestellung auf der Karte genau zu sehen, was es zu essen und zu trinken gab. So war die Auswahl viel einfacher, als mühsam die fremden Namen der Speisen zu buchstabieren. Sie wählten einen großen Becher Limo und eine Riesenportion Eiscreme.

5. Überleben in künstlicher Umgebung

Eines morgens, Onkel Bob war längst weggefahren, kündigte Tante Betty beim Frühstück an, dass sie heute mit ihren deutschen Gästen seine Arbeitsstelle besichtigen wolle.
Ganz besonders freute sich Otto Stahlberg auf diesen Ausflug. Er sagte, Bob arbeite an einem höchst interessanten Projekt, das einmalig auf der Erde sei. Die Kinder waren also sehr gespannt, was sie zu sehen bekämen.
Sie fuhren mit Tante Bettys Wagen auf einer wenig befahrenen Straße nach Nordosten in Richtung Berge. Die Vegetation wurde spärlicher, es gab kaum noch Kakteen. Hin und wieder unterbrach staubiges Gestrüpp diese trostlose Landschaft. Heiß prallte die Sonne auf die trockenen, baumlosen Berge. Die Gegend schien wie ausgestorben. Nirgendwo sah man Häuser, geschweige denn eine Siedlung oder eine Stadt. Sie befanden sich in völliger Einsamkeit. Hier sollte der Onkel arbeiten?

Von einer kleinen Anhöhe aus hatten sie einen freien Blick in die Weite. Da lag unverhofft vor ihnen in einer flachen Mulde ein großer Gebäude-Komplex mit gewaltigen Kuppeln und Pyramiden. Silbern glänzten futuristische Stahl- und Glaskonstruktionen in der gleißenden Mittagssonne.
»Dort arbeitet euer Onkel«, sagte Tante Betty voll Stolz.
Auch Otto Stahlberg war überwältigt von diesem Anblick:
»Das sieht ja aus wie eine künstliche Stadt auf dem Mond!«
Die Kinder waren perplex und glaubten zuerst an eine Fata Morgana.
Als Erster fasste sich Peter, er stammelte:
»Ist ja irre! Total ätzend! Und dort arbeitet Onkel Bob? Was ist das überhaupt, Tante Betty?«

»Das ist eine gewaltige Versuchsstation. Sie heißt BIO 2. Das ist die Abkürzung für Biosphäre 2. Mit diesem Fremdwort bezeichnen Wissenschaftler den Lebensraum der Erde. In den utopisch aussehenden Gebäuden versuchen Fachleute, unsere Lebensbedingungen künstlich nachzubilden. Die Welt, der Lebensraum auf ihr, wird als Biosphäre 1 bezeichnet. Und das, was ihr da vorne seht, ist ein verkleinertes, künstliches Abbild und heißt deshalb Biosphäre 2 oder abgekürzt BIO 2.«
Lausespitz war ganz hingerissen.
»Warum macht man so was überhaupt?«, wollte er wissen.
»Das ist eine gute Frage, auf die es keine leichte Antwort gibt«, erwiderte Tante Betty.
»Ich will mal versuchen, euch das zu erklären.
Ihr wisst doch bestimmt, dass es auf der Erde immer mehr Menschen gibt, die alle Luft, Wasser und Nahrung brauchen. Und ihr wisst sicher auch, dass die reichen Länder mit ihren vielen Fabriken und Autos Luft und Wasser immer mehr verpesten und die Umwelt langsam kaputt machen. Wenn das so weitergeht, können unsere Nachkommen irgendwann nicht mehr auf der schönen Erde leben, weil sie unbewohnbar geworden ist. Die Wissenschaftler da hinten arbeiten daran, diesen Prozess der Umweltverschmutzung zu stoppen. Sie suchen in der

künstlichen Atmosphäre von BIO 2 nach Möglichkeiten, wie die Menschheit auf Dauer überleben kann.«

Hier warf Otto Stahlberg ein:

»Es geht also darum zu erforschen, wie man Luft, Wasser und Nahrung, das heißt die wichtigsten Dinge des Lebens, für die Zukunft sauber und genießbar erhalten kann. Dabei müssen wir den Kreislauf der Natur beachten. Ich wisst ja aus der Schule, dass wir im Prinzip immer wieder das gleiche Wasser trinken. Es regnet vom Himmel, es fließt durch die Flüsse zum Meer, verdampft dort zu Wolken und kommt als Regen wieder zu uns zurück. Ähnlich ist es mit den Blättern der Bäume im Herbst. Sie fallen ab, bilden Humus und liefern so den Pflanzen wieder Nährstoffe.«

»Und Lausespitz wird auch wieder zu Humus, wenn er tot ist und begraben wird«, ergänzte Mäxchen altklug. Sein Bruder versetzte ihm einen kräftigen Rippenstoß und rief gereizt: »Du bist heute schon lebendiger Humus, du Klugscheißer.«

Betty warf einen strafenden Blick auf die herumalbernden Buben und fuhr fort:

»Neben den Umweltproblemen auf der Erde untersuchen die Wissenschaftler aber auch, ob künstliche Biosphären auf dem Mond oder gar auf dem Mars für uns Menschen geschaffen werden können. Stellt euch mal vor, ihr könntet eines Tages in den Ferien mit der Rakete einen Ausflug zum Mond machen.«

»Wau, das wäre toll! Aber da oben gibt es doch gar keine Luft«, warf Peter ein.

»Stimmt, deswegen wird in BIO 2 auch geforscht, wie man auf dem Mond oder dem Mars eine künstliche Atmosphäre zum Atmen schaffen kann. Denn ohne Luft können weder Menschen noch Tiere existieren. Zum Leben und zum Wachsen ist aber auch Licht unbedingt erforderlich. Die Pflanzen zum Beispiel können sich im Dunkeln nicht entwickeln. Das ist der Grund, weshalb man in BIO 2 so viele gläserne Kuppeln und Glaswände gebaut hat, die aus der Ferne wie Bienenwaben aussehen. Sie lassen das Licht ungehindert durchtreten.«

Während des Gespräches waren sie vor den Gebäuden angekommen und stellten den Wagen auf dem Parkplatz ab. Es war Ferienzeit, deshalb trafen sie zahlreiche Besucher, die sich für das Forschungsprojekt interessierten.
Vor der eigentlichen Forschungsanlage, in die man natürlich nicht hinein konnte, lagen mehrere Servicehäuser. Tante Betty kannte den Weg genau und lief zielbewusst auf ein Bürogebäude zu, wo sie nach Dr. Bob Brown fragte. Der erschien kurz darauf, begrüßte freudestrahlend seine Besucher und führte sie zuerst in sein angenehm klimatisiertes Büro im dritten Stock.
Vom Fenster aus hatten sie einen guten Überblick über das gesamte Gelände. Es war ein idealer Platz für Onkel Bobs Erklärungen.
Vor ihnen, in den Kuppelbauten und Pyramiden, hatte man in stark verkleinerter Form die verschiedenen Klimazonen der Erde nachgebildet. Neben Pflanzen und Tieren lebt hier ein Forschungsteam. Es besteht aus vier Männern und vier Frauen, von denen jeder mehrere spezielle Fachgebiete bearbeitet, wie zum Beispiel Pflanzenkunde, Klimaforschung und Umwelt. Sie leben dort völlig abgeschlossen von der Außenwelt und werden erst nach mehreren Monaten abgelöst. Die einzige Verbindung nach draußen sind Telefon und Computer.
Die totale Isolation ist wichtig, um Einflüsse und Ablenkungen von draußen zu vermeiden. Alles, was die acht Menschen da drinnen essen und trinken, müssen sie selbst pflanzen, ernten und zubereiten.
»Das hört sich so einfach an«, fuhr Onkel Bob fort, »ist es aber nicht. Ihr könnt euch vorstellen, wie viel Mühe das macht und zwar Tag für Tag, Monat für Monat. Die

meisten im Team sind froh, wenn ihre Zeit in der Abgeschiedenheit zu Ende ist, und sie wieder zurückkehren dürfen in ein normales Leben.«

»Warum brauchen die acht Leute denn so viel Platz? Haben die etwa ein Fußballfeld und ein Schwimmbad da drinnen?«, wollte Lausespitz wissen.
»Oh, nein«, antwortete der Onkel, »das haben sie nicht. Der Platz wird für die naturgetreue Nachbildung der Klimazonen mit ihrer typischen Vegetation gebraucht. In dem lang gestreckten Gebäude dort, gleich links, gibt es zum Beispiel ein kleines Meer mit Salzwasser und künstlichem Wellengang; mit Fischen, Korallenbänken und Sandstrand. Natürlich können die Leute auch in dem Wasser schwimmen, aber meist fehlt ihnen die Zeit dazu.«
Dann zeigt Onkel Bob auf die große Stufenpyramide:
»In ihrem Inneren wächst ein Mini-Regenwald mit hohen Bäumen. Hier wachsen Kokosnüsse und Bananen. Es gibt auch einige Kaffeesträucher und Gewürzpflanzen wie Vanille und Ingwer. Aus großen, getrockneten Blattfasern und dünnen, biegsamen Zweigen stellen die Bewohner von BIO 2 Seile und Körbe her und aus bestimmten Blüten und Kräutern sogar Medizin. Das haben sie den Indianern abgeschaut.«
Lausespitz stellte sich vor, er wäre Mitglied des Forscherteams und meinte:
»Also, wenn ich in den Glashäusern leben müsste, würde ich auf Kokosnüsse, Kaffee und Ingwer verzichten. Ich bräuchte auch keinen Regenwald und könnte den Platz sparen. Dafür hätte ich lieber ein größeres Stück Meer mit Sandstrand.«
Das leuchtete auch Peter und Mäxchen ein. Sie nickten zustimmend. Onkel Bob aber erwiderte lachend:
»Ich kann dich gut verstehen, Lausespitz. In deinem Alter hätte ich wahrscheinlich ähnlich gedacht. Aber so einfach

geht das leider nicht. Die großen Regenwälder sind ganz wichtig für die Erhaltung des Klimas auf der Erde. Wenn sie abgeholzt werden, und das geschieht zurzeit zum Beispiel am Amazonas in Brasilien, dann verändert sich das Wetter auch bei euch in Deutschland. Es regnet weniger und eure saftigen Wiesen und Felder könnten sich in trostlose Wüsten verwandeln wie hier bei uns in Arizona. Das alles weiß man aber nicht so ganz genau, und deshalb muss es gründlich erforscht werden. Versteht ihr nun, weshalb der Regenwald dort bleiben muss?«
Die Kinder wurden immer nachdenklicher. Man merkte, wie es in ihren Köpfen arbeitete.
Onkel Bob hatte den Eindruck, genug erklärt zu haben und schlug vor:
»So, meine Lieben, nach diesem Überblick wollen wir jetzt hinuntergehen und einiges aus der Nähe betrachten.«
Neugierig folgte ihm die kleine Gruppe.

Nach der angenehmen Kühle im Büro empfing sie jetzt wieder die flimmernde Mittagshitze.
»Du, Onkel Bob, habt ihr den Glaspalast in diese Gegend gebaut, weil hier die Sonne den ganzen Tag scheint?«, fragte Lausespitz.
»Du bist ein cleveres Bürschchen, Lausespitz«, antwortete dieser anerkennend. »Das stimmt wirklich. Ohne Licht können Pflanzen nicht wachsen. Hier gibt es Sonne im Überfluss, mindestens an 360 Tagen im Jahr, wie ich euch beim Picknick im Kakteenwald erzählt habe. Und der mangelnde Regen stört das BIO 2 Team nicht. Sie haben ihr eigenes Wasser.«
Sie gingen um einzelne Gebäude herum und betrachteten das Innere durch die gläsernen Wände. Hineingehen konnten sie nicht.
Da sahen sie doch wahrhaftig an einer Stelle über ihren Köpfen mehrere Bündel grüngelber Bananen hängen. Ein

Mann im roten Overall holte gerade mit einer langen Stange einen Bund reifer Früchte herunter. Onkel Bob winkte ihm zu, er kannte ihn. Zurufen konnten sie sich gegenseitig nichts. Das dicke Glas ließ keinen Ton durch. Der Mann hielt den Kindern eine besonders große Banane einladend vor die Augen und ermunterte sie lachend, doch zuzugreifen. Das ging natürlich nicht. Es war ein lustiges Spiel, und alle freuten sich darüber.
»Wo ist denn das Meer?«, wollte Mäxchen beim Weitergehen wissen.
»Da drüben kannst du es sehen.« Inzwischen waren sie am nächsten Bau angekommen, und Onkel Bob zeigte auf die Wasserfläche, die ein leichter Wellenschlag bewegte.
Otto Stahlberg schaute kopfnickend auf die Wellen und meinte:
»Natürlich, sie sind wichtig, denn sie bringen Sauerstoff zu den Korallenriffen. Außerdem verteilen sie die Nährstoffe gleichmäßig im Wasser.«
»So ist es, Otto«, bestätigte der Onkel und wies darauf hin, dass zur Unterhaltung der ganzen BIO 2 Anlage komplizierte Einrichtungen erforderlich seien, die ständig gewartet werden müssten.

Nun kamen sie zu einem kleineren Gebäude, in das man hineingehen durfte. Hier bereiteten sich die Männer und Frauen der Teams auf ihre Aufgaben vor und trainierten. Im Innern sahen weite Teile ähnlich aus wie im großen BIO 2, nur eben viel kleiner. Für die Besucher war dieses Gebäude besonders interessant, weil sie darin herumgehen und alles aus der Nähe anschauen konnten.
Gespannt traten sie ein. In dem kleinen Vorraum drückte Onkel Bob eine schwere Trenntüre aus Gummi auf. Sofort schlug ihnen ein Schwall feuchtwarmer Luft entgegen. Sie standen zwischen tropischen Bäumen, Büschen und Moosen mitten im Regenwald. Von den Blättern tropfte es wie

nach einem Regenguss. Die Kinder spürten die schwüle Nässe auf ihrer Haut. Sie fingen an zu schwitzen und fühlten sich gar nicht wohl.
»Ja«, sagte Onkel Otto, »jetzt merkt ihr, dass es im Urwald nicht so angenehm ist.«
Sie waren froh, als sie die tropische Zone wieder verlassen hatten und es beim Weiterlaufen kühler und trockener wurde.
Doch horch! Was hörten sie auf einmal? Krähte da nicht ein Hahn? Sie bogen um eine Wand. Wirklich, da scharrten Hühner. Weiter hinten sahen sie einige Ziegen und Schafe.
»Dies ist eine kleine Versuchsfarm deren größeres Abbild in BIO 2 steht«, erklärte Onkel Bob.
»Die Bewohner lernen, Nahrungsmittel anzubauen und sich davon zu ernähren. Hier wachsen Weizen, Kartoffeln, verschiedene Gemüse und Erdbeeren, aber auch Früchte aus heißen Gegenden wie Reis, Feigen und Mangos.«

Die Farm gefiel den Kindern besonders gut. Aber auch Otto Stahlberg war fasziniert, dass es unter einem Glasdach in der Wüste Arizonas eine künstliche Farm gab, von deren Früchten und Tieren sich das BIO 2-Team ohne fremde Hilfe ernähren konnte. Was Wissenschaft und Technik doch alles zustande brachte!

Bedauernd meinte er:

»Wenn ich bei uns zu Hause einen großen Garten hätte und die Heizkosten nicht so hoch wären, dann würde ich mir auch ein gläsernes Treibhaus anschaffen und tropische Früchte anbauen. Das würde mir schon Spaß machen, aber leider geht es nicht.«

Hinter einem Holzverschlag grunzten zwei Schweine. Die Jungen fanden sie recht klein und wollten wissen, ob das eine besondere Zwergrasse sei.

Onkel Bob nickte zustimmend:

»Das sind wirklich Tiere, die nicht mehr viel größer werden. Wenn ihr genau hinschaut, werdet ihr feststellen, dass auch die anderen Farmtiere kleiner als normal sind. Wir haben mit Absicht gerade diese Arten ausgewählt, damit die Tiere weniger Futter brauchen.«

»Und wer schlachtet in BIO 2 das Schwein?«, fragte Lausespitz.

»Einer im Team lernt vorher bei einem Metzger, wie das geht und wie man das Fleisch verarbeitet«, gab Onkel Bob Auskunft.

»Müssen die auch lernen, wie man Mehl herstellt und Brot backt?«, wollte Peter wissen.

»Selbstverständlich, frische Brötchen werden leider morgens nicht von außerhalb angeliefert«, lautete die humorvolle Antwort.

Peter und Lausespitz schauten sich nochmals voll Interesse die Tiere an und die dicht bepflanzten Gemüsebeete. Nachdenklich meinte Lausespitz:

»Weißt du, Peter, vielleicht werde ich gar nicht Pilot oder Arzt. Vielleicht arbeite ich mal hier. Onkel Bob hat ja erzählt, dass die Fachleute aus der ganzen Welt kommen.«
»Du, genau das habe ich mir auch vorgestellt. Aber vorher müssen wir garantiert noch sehr viel lernen, sonst nehmen die uns nicht.«
»Da müssen wir uns eben auf den Hosenboden setzen. Wir sind doch nicht dumm«, gab Lausespitz selbstbewusst zurück.
Die anderen waren schon zum Ausgang vorausgegangen. Die beiden Freunde beeilten sich, ihnen zu folgen.

Die Besichtigung war nun zu Ende. Jeder war auf seine Weise beeindruckt von dem, was sie gesehen hatten. Zu Hause in Deutschland würden sie bestimmt noch oft von Onkel Bobs interessanter Arbeitsstelle erzählen.
Mit einem herzlichen Dankeschön verabschiedeten sie sich von ihrem Gastgeber, der schmunzelnd darauf hinwies, dass man sich in gut zwei Stunden schon wieder bei Tante Betty am Swimmingpool treffen würde.

III.
Auf den Spuren der Indianer

1. Im Wohnmobil nach Norden

Eines abends kam Onkel Bob nicht wie gewohnt in seinem signalroten Auto von der Arbeit zurück. Zum Erstaunen der Kinder fuhr er in einem großen, hellen Wohnmobil vor.
»Hast du dir dieses Monstrum gekauft, weil dir dein alter Personenwagen zu klein ist?«, fragte Lausespitz neugierig.
Der Onkel schüttelte den Kopf und lächelte geheimnisvoll, ohne etwas zu antworten.
»Hast du einen Unfall gebaut, Totalschaden vielleicht? Und brauchtest du deshalb diesen Schlitten zum Heimfahren?«, bohrte Lausespitz weiter.
Abermals geheimnisvolles Kopfschütteln. Inzwischen standen alle um das Riesenfahrzeug herum und bestaunten es, nur Tante Betty fehlte noch. Die kam gerade vom Garten her, sah das Prachtstück mit leuchtenden Augen an, eilte auf ihren Mann zu und umarmte ihn strahlend.
»Bob, das ist ja großartig! Hat es also doch noch geklappt! Los, schließ auf und lass uns reinschauen!«
Bob öffnete die Seitentür, klappte ein Treppchen heraus und machte eine einladende Handbewegung:
»Bitte sehr, meine Herrschaften, die rollende Herberge ist zur Besichtigung freigegeben! Kommen Sie nur hereinspaziert!«
Gespannt kletterte einer nach dem Anderen hinein. Die Besucher wussten nicht, was sie von dieser Vorstellung halten sollten. Nur Tante Betty wusste Bescheid, sie lachte über beide Backen. Während die Buben das Innere andächtig bestaunten, öffnete sie Kisten, Kasten und Schubladen, überprüfte die Betten, Kühlschrank, Herd und Dusch-Kabine. Sie rief dann voll des Lobes:

»Bob, der ist wunderschön! Und so viel Platz, geradezu ideal für uns! Könnte gar nicht besser sein. Den hast du wirklich bestens ausgesucht!«
Otto Stahlberg hatte als Erster den Durchblick und wollte wissen, ob eine große Urlaubsreise geplant wäre.
Wieder nur stummes Kopfschütteln, diesmal von beiden Browns.
»Los Betty, nun sag es ihnen schon!«, rief der Onkel.
»Tja, Kinder, ihr werdet's nicht glauben, aber morgen wollen wir zu einer großen Reise starten. Wir fahren zu der berühmtesten Sehenswürdigkeit Amerikas!«
Weiter kam sie nicht; Mäxchen unterbrach sie jubelnd:
»Hurra, wir gehen in eine Eisfabrik!«
»Du bist und bleibst ein Spinner«, wies Lausespitz seinen kleinen Bruder zurecht. »Ich glaube eher, wir schauen uns Disney-Land an.«
Onkel und Tante taten immer noch geheimnisvoll und spannten ihre Besucher auf die Folter. So unternahm Peter einen weiteren Anlauf:
»Besuchen wir vielleicht die Freiheitsstatue in New York?«
»Nein, ihr Lieben, dreimal nein.« Und nun lüftete Tante Betty endlich das Geheimnis: »Unser Ziel ist das größte Naturwunder der Welt. Wir fahren zum Grand-Canyon.«
Peter und Lausespitz hatten im Fernsehen schon Filme über diese tiefe Schlucht gesehen. Sie waren begeistert. Der Jubel kannte keine Grenzen. Die Jungen tanzten so wild im Wohnmobil herum, dass es anfing zu wackeln. Onkel Bob musste ein Machtwort sprechen.
Natürlich freute sich auch Otto Stahlberg mächtig auf die angekündigte Erlebnisfahrt:
»Betty, Bob, es ist wirklich sagenhaft, was ihr den Kindern und mir alles bietet. Täglich unternehmen wir neue, tolle Sachen. Und jetzt wollt ihr mit uns noch zum Grand Canyon fahren! Unglaublich! Dazu in einem komfortablen Camper! Kein Wunder, dass die Buben vor Freude ausflip-

pen. Aber irgendwie geht das zu weit. Allmählich kriege ich ein schlechtes Gewissen. Es ist schon einmalig, dass Betty ihren Urlaub opfert und uns hier in der Gegend herumkutschiert. Da musst du, Bob, nicht auch noch deine Freizeit opfern, um uns den Grand Canyon zu zeigen.«
Onkel Bob schüttelte energisch den Kopf und erwiderte bestimmt:
»Du kannst ganz beruhigt sein, Otto. Ich nehme gar keinen Urlaub. Ich bleibe nämlich hier. Betty wird eure Reiseleiterin sein. Ich halte währenddessen hier die Stellung, gehe ins Büro und hüte Haus und Garten. Ihr seid ja nur wenige Tage unterwegs.«

Mit großem Eifer halfen die drei Buben, das mobile Heim zu beladen und reisefertig zu machen. Dabei stellten sie erstaunt fest, dass die Tante schon alles vorbereitet hatte, ohne vorher etwas zu verraten.
Fünf Betten mussten überzogen werden. Onkel Otto und die Kinder sollten im hinteren Teil schlafen. Dort gab es, abgetrennt durch eine dünne Wand, auf jeder Seite zwei Betten übereinander. Tante Betty bekam das Prunkbett zugeteilt. So jedenfalls nannten Peter und Lausespitz, die breite Liege über dem Führerhaus. Die beiden Sitzbänke am Esstisch brauchten abends gar nicht umgebaut zu werden. Das war der Tante nur recht so.
Nun kam der Kühlschrank dran. Unvorstellbar, was da alles hineinkam! Fast wäre die Tür nicht mehr zugegangen. Auch der schmale Vorratsschrank fasste kaum die vielen Dosen, Gläser und Tüten mit den leckersten Fressalien.
Zum Schluss packten die Jungen unter Tante Bettys Anleitung ihre Kleidung und einige persönliche Sachen ein. Das war nicht viel, denn sie wollten Onkel Bob höchstens eine Woche allein lassen. Außerdem brauchten sie in der warmen Jahreszeit nur leichte Garderobe.

Deswegen stutzte Tante Betty auch, als sie in Mäxchens Bündel eine abgewetzte Fellweste entdeckte und schlug vor:
»Die brauchst du wirklich nicht, sie ist zu warm. Der Pullover reicht für abends. Lass sie doch zu Hause!«
Das war Mäxchen gar nicht recht. Er verzog sein Gesicht, und es kamen ihm sogar die Tränen. Lausespitz kannte seinen kleinen Bruder genau und wusste, was das Fell für ihn bedeutete:
»Tante Betty, ohne diesen Kuschellappen kann Mäxchen nicht einschlafen. Ganz besonders, wenn er in einem fremden Bett liegt. Er kriegt dann immer Heimweh nach der Mama und grabscht sich den Mäusepelz. Der tröstet ihn. Mäxchen ist halt noch sehr klein. Mama sagt, es ist besser, er legt seinen Kopf auf das Fell, als dass er den Daumen in den Mund steckt.«
Dabei warf er einen herablassenden Blick auf seinen Bruder.
Tante Betty verstand sofort und schloss ihren Neffen in die Arme:
»Natürlich nimmst du die Weste mit, Mäxchen. Vermisst du deine Mama sehr?«
Jetzt war der kleine Mann wieder ganz der Alte:
»Nee, Tante Betty, überhaupt nicht. Ich habe ja dich, und du kommst gleich nach der Mama.«
Mäxchen ging es wieder gut und der Tante ebenso.
Unterdessen erklärte Bob dem deutschen Freund das Auto. Er zeigte ihm die Einrichtung und wie alles funktionierte. Otto war begeistert von dem komfortablen Fahrzeug, und Bob fühlte sich beruhigt über seinen technischen Sachverstand.
Nach knapp zwei Stunden stand das Wohnmobil reisefertig hinter dem Haus.
Die Jungen gingen ohne Murren frühzeitig zu Bett.
Die drei Erwachsenen saßen noch über die Streckenkarten gebeugt und studierten die Fahrtroute. Peter und

Mäxchen schliefen schon fest. Lausespitz aber schlich leise an den kleinen Schreibtisch vor dem Fenster, dunkelte die Lampe mit seinem T-Shirt ab und schrieb seinen Eltern einen kurzen, begeisterten Brief.

Am nächsten Morgen, es war noch früh.
Mehr laut als schön singend, genossen die Jungen von der gemütlichen Essecke aus die ersten Stunden der Fahrt. Onkel Otto saß hinter dem Steuer, Tante Betty dirigierte ihn, die Straßenkarte auf dem Schoß.
Die Fahrt auf der Autobahn verlief gemütlich. Die Verkehrsteilnehmer verhielten sich sehr rücksichtsvoll. Niemand raste oder wagte riskante Überholmanöver. Alle hielten sich an die vorgegebene Geschwindigkeit. Otto war immer wieder erstaunt, wie diszipliniert und vorsichtig die Amerikaner Auto fuhren:
»Gibt es hier überhaupt eine Verkehrspolizei? Die haben doch eh keine Arbeit bei so vorschriftsmäßigem Fahren.«
Peter beugte sich vor und meinte erstaunt:
»Schaut mal, wie schnurgerade die Straße verläuft ohne Kurve, und wie breit sie ist.«
Nach einer Weile holten sie ein eigentümliches Fahrzeug mit auffällig blinkenden Warnleuchten ein. Es war nicht zu fassen! Die Zugmaschine mit Anhänger vor ihnen hatte die Hälfte eines Holzhauses geladen. Die Buben waren begeistert.
»Warum fährt man hier mit halben Häusern durch die Gegend?«, fragte Lausespitz seine Tante.
»Ich nehme an, dass die Besitzer umziehen«, antwortete sie.
»Es ist ein Fertighaus, wie ihr seht. Man hat es der Länge nach halbiert, weil es sonst viel zu breit für den Transport wäre. Schaut, rechts seht ihr die Stützwand, die zum Schutz der offenen Seite angebracht wurde. Otto, versuchen Sie doch mal, den Lastzug zu überholen. Ich nehme an, dass vor ihm die andere Haushälfte fährt.«

Onkel Otto drückte etwas aufs Gas und ruck-zuck fuhren sie an der blauen Haushälfte mit dem rotem Dach und den weiß gestrichenen Fensterrahmen vorbei.
Die Kinder klebten an den Seitenscheiben und riefen erstaunt:
»Da hängen ja Vorhänge dran! Ich hab' einen Schrank gesehen! In den Blumenkästen sind sogar noch Pflanzen drin!«
»So ist es, Kinder, das Haus wird in eingerichtetem Zustand transportiert, natürlich zurrt man vorher alles richtig fest«, erklärte Tante Betty.
Kaum hatte Onkel Otto den Laster überholt, da sahen sie tatsächlich in einiger Entfernung vor ihnen die andere Hälfte des Hauses rollen.
Lausespitz ermunterte:
»Los, Onkel Otto, gib mehr Gas! Diesen Schlepper schlukken wir auch lässig!«
Und schon zogen sie am zweiten Teil des aufgeschlitzten Hauses vorbei. Es war nicht mehr so interessant anzuschauen. Zur Straßenmitte hin verwehrte die großflächige Stützwand den Blick ins Innere. Die Drei blickten durch das Rückfenster noch eine Weile auf die langsameren Spezialfahrzeuge. Dann meinte Peter:
»Das glaubt uns daheim keiner, wenn wir das erzählen.«

Endlos zog sich das Band der Straße. Um die Mittagszeit wurden die Jungen ungeduldig.
»Wann machen wir eine Pause?«, fragte einer nach vorne.
»In einer guten halben Stunde, Kinder. Onkel Otto weiß schon Bescheid, wo er von der Autobahn abbiegen muss. Ich kenne da ein hübsches Picknick-Plätzchen.«
»Was gibt es denn zu essen?«, wollte Mäxchen wissen.
Tante Betty antwortete:
»We will have muffins from the muffin man.«
Die Drei schauten sie fragend an:

»Muffins? Was ist denn das? Wer ist der Muffin Mann?«
»Muffins sind eine Art kleiner Mürbekuchen, die in Förmchen gebacken werden.«
»Aha, dann ist der muffin man der Mann, der die muffins bäckt«, folgerte Lausespitz.
»Richtig«, bestätigte seine Tante. »Vom muffin man gibt es ein schönes Kinderlied. Hört mal zu!« Und sie begann zu singen und klatschte dabei in die Hände:
> »Oh, do you know the muffin man,
> the muffin man, the muffin man?«

(Tipp:
Falls du das Lied kennen lernen willst, schlage hinten nach (auf Seite 201)!)

Die Kinder klatschten mit, und bei der Wiederholung hatten sie sich schon Text und Melodie eingeprägt. Das lustige Frage- und Antwortspiel nach dem muffin man gefiel ihnen. Sie kamen so richtig in Stimmung, und als sie vom Singen genug hatten, schrien sie sich gegenseitig den Ice-cream Hit ins Gesicht:
»I scream – you scream – we all scream – for – ice-cream!«
Sie steckten Tante Betty mit ihrer Begeisterung an. Lachend machte sie mit und meinte nach einer Weile:
»Ich kenne noch einen anderen lustigen Reim. Darin geht es um Erbsenbrei. Wenn ihr wollt, bringe ich euch den auch noch bei.«
Klar wollten sie!
Dieser Reim war etwas länger und schwieriger, aber auch ihn lernten sie rasch:
> »Peas porridge hot, peas porridge cold,
> peas porridge in the pot, nine days old.«

(Tipp:
Die vollständigen Verse findest du ebenfalls im Anhang (auf Seite 202)!)

Mit einem Ruck hielt plötzlich der Wagen an. In ihrer Begeisterung hatten die Buben gar nicht gemerkt, dass sie schon am Picknickplatz angekommen waren.
Alle stiegen aus. Während Tante Betty das Lunch vorbereitete, verschafften sich ihre Männer noch etwas Bewegung und tollten draußen herum.
Lunch, wie ihr wisst, nennen die Amerikaner ihr kleines, schnelles Mittagessen.
Als die Jungen in einer durchsichtigen Packung kleine Rosinenkuchen entdeckten, stimmten sie natürlich sofort wieder ihr neu gelerntes Lied an:
»Oh, do you know the muffin man, ...«
Der appetitlich gedeckte Tisch übte eine große Anziehungskraft aus. Die hungrigen Mäuler wurden ruhiger, und bald hörte man nur noch ein zufriedenes Schmatzen.

2. Dinner vor dem Montezuma Castle

Otto Stahlberg steuerte den Camper jetzt langsam und vorsichtig über die schmaler gewordene Straße. Tante Betty bereitete die Kinder begeistert auf ihren nächsten Stopp vor. Sie wollte ihnen die Ruine einer kleinen Indianersiedlung mitten in einer Felsenwand zeigen.
»Natürlich ist Montezuma Castle seit Jahrhunderten nicht mehr bewohnt, aber trotzdem lohnt sich der Abstecher«, hob sie hervor.
Die Kinder erfuhren, dass das englische Wort Castle auf Deutsch Burg heißt, und dass Montezuma der Name eines alten Herrschers der Azteken – Indianer in Mexico ist.
»Montezuma Castle ist jedoch weder eine Burg, noch war der Azteken – König jemals hier«, fuhr sie fort.
»Wisst ihr, weiße Siedler dachten, die Felswohnung hätten Azteken aus Mexico für ihren Herrscher gebaut. Montezuma lebte vor fünfhundert Jahren. Er führte zwar viele Kriege und vergrößerte dadurch sein Reich, aber so weit nördlich bis nach Arizona kam er nie. Trotzdem blieb sein Name für diese Behausung erhalten.«
Die Straße führte bergab, die Bäume standen ungewöhnlich dicht. Der große Parkplatz war fast leer. Neugierig liefen sie zum Eingang des Geländes.
Als Onkel Otto die Tickets kaufen wollte, zeigte der Park-Ranger auf seine Armbanduhr und meinte bedauernd:
»Sorry, we close at 5.«
Es war kurz vor fünf Uhr, in wenigen Minuten endete die Besuchszeit.
Die Gesichter der Jungen wurden lang und länger. Ausgerechnet hier mussten sie zu spät ankommen. Tante Betty hatten ihnen auf der Herfahrt so viel vorgeschwärmt von den Wohnungen in den Felsklippen. Sie waren also gespannt wie Flitzebogen, diese Wohnanlage der Indianer endlich zu besichtigen.

»Mist«, fluchte Lausespitz enttäuscht. »Können wir sie denn gleich morgen früh anschauen?«, fragte er.
»Schlecht, wir wollen nämlich beizeiten in Richtung Grand Canyon weiterfahren. Jetzt, in der Hochsaison, möchte ich dort schon am frühen Nachmittag auf dem Campingplatz eintreffen, damit wir sicher sein können, einen guten Stellplatz zu bekommen«, erklärte Tante Betty.

Nach einigen Überlegungen fuhr sie fort:
»Also hört mal, Kinder, eine Tragödie ist der geschlossene Eingang auch wieder nicht. Wir wären sowieso nur auf engen Pfaden durch den schattigen Wald des Biberbachtales unterhalb der Felsenwand gelaufen. Es gibt von dort zwar herrliche Ausblicke auf die Wohnanlage, aber leider nur aus der Ferne. Das, was euch wirklich interessiert, hättet ihr von da aus nicht sehen können. Die Wohnungen sind nämlich baufällig und schon seit vielen Jahren für Besucher gesperrt.«
»Warum hast du uns denn so viel vorgeschwärmt vom Montezuma Castle, wenn man gar nicht herein kann?«, wollte Lausespitz wissen.
»Da werdet ihr selbst schon dahinter kommen. Wartet mal ab! Ich schlage vor, wir fahren jetzt zu einem abgelegenen Wiesenplatz auf der anderen Seite des Baches, genau vis-à-vis von dem Castle. Wir essen dort zu Abend und betrachten dabei die Indianerbehausung aus der Ferne. Das ist viel schöner, als auf den engen Wegen im Gedränge der Touristen nur hin und wieder einen Blick auf die Felswand zu ergattern, wenn die hohen Bäume es zulassen.«
Die Kinder wussten nicht so recht, was sie von Tante Bettys Vorschlag halten sollten. Sie waren hin und her gerissen.

Nach kurzer Fahrt hielt das Auto an einer Wiese. Betty zeigte wortlos auf die gegenüberliegende Felswand, an der sich deutlich eine mehrstöckige Behausung abhob. Die Jungen schauten zwar hin, aber der Anblick riss sie keineswegs vom Stuhl.

»Da unten an den Bäumen, fließt der Biberbach. Wenn ihr wollt, könnt ihr runterlaufen und zusammen mit Otto eure Füße baden«, schlug Betty vor. Natürlich wollten sie.
Nach der langen Fahrt im Wohnmobil war es genau das Richtige für sie, herumzutollen und sich im Wasser zu erfrischen. Der zweite Tag ihrer Reise neigte sich langsam dem Ende zu, und die Kinder hatten große Lust, sich auszutoben. Betty konnte so in aller Ruhe das Abendessen vorbereiten.

Eine Stunde später saßen sie um den Tisch neben dem Camper am Wiesenrand und schauten erwartungsvoll auf ihre Tante.
»So, ihr Lieben. Heute essen wir indianisch. Das paßt sehr gut zu unserer Umgebung«, ließ diese durchblicken, als sie in der frischen Luft um den Tisch saßen.

Als Erstes gab es eine kalte Kürbissuppe, welche die durstigen Kinder erfrischte und sie vor dem Hauptgang so richtig hungrig machte. Die großen, fußballrunden Kürbisse essen die Amerikaner viel und gerne. Die Indianer in USA haben sie ursprünglich von ihren roten Brüdern aus Mexico übernommen.

Dann stellte Tante Betty eine große Schüssel auf den Tisch und erklärte dazu:

»Das ist Maissalat Montezuma. Da sind Kartoffeln und Maiskörner drin, Tomaten, Ananas und grüner Salat. Ich bin sicher, er schmeckt euch. Ihr wisst vielleicht, dass Mais vor allem in heißen Ländern wächst. Am bekanntesten ist gelber und weißer Mais und natürlich der Zuckermais, der eben süß schmeckt.«

Mäxchen meinte, mit Kennerblick auf die gelben Maiskörner im Salat schauend:

»Gell, Tante Betty, du hast Zuckermais genommen, weil du weißt, dass der den Kindern am besten schmeckt.«

»Stimmt genau! Die Indianer früher waren Meister im Anbau von Mais. Sie züchteten die unterschiedlichsten Sorten. Vor allem haben sie ein ausgeklügeltes Bewässerungssystem entwickelt, damit der Mais überhaupt in den trockenen Gebieten wachsen kann. Mais war früher eines ihrer Hauptnahrungsmittel. Sie verarbeiteten die Körner zu Gemüse und Brei, zu Gries und Mehl für Aufläufe und Kuchen. Sogar Öl zum Braten und Backen pressten sie daraus.«

Als nächstes brachte Betty Hackfleischbällchen. Dazu meinte sie: »Bei diesem Fleischgericht bin ich nicht ganz sicher, ob es euch schmeckt. Vielleicht findet ihr es zu scharf, obwohl ich nur sehr wenig von dem Chilligewürz hinzugegeben habe. Es ist natürlich auch typisch indianisch.«

Zu der Schale in ihrer anderen Hand erklärte sie:

»Und das hier sind die berühmten und beliebten Taco Chips aus Maismehl. Die isst man dazu.«

Neugierig probierten die Gäste die fremden Gerichte und siehe, es schmeckte ihnen hervorragend.
Am besten mundete ihnen der Maissalat Montezuma. Peter fragte, ob er diesen Salat auch selbst als Überraschung für seine Mutter zubereiten könne.
»Klar kannst du das, Peter«, bekräftigte ihn Betty. »Das Rezept ist einfach. Du brauchst aber Pellkartoffeln dazu. Die lässt du dir besser von deiner Mutter am Tag vorher kochen, dann sind sie auch vollkommen abgekühlt. Zu Hause kannst du dir das Rezept aus meinem Kochbuch abschreiben.«
»Abgemacht, Tante Betty, Danke!«

(Tipp:
Für die Leser steht das Rezept im Anhang (auf Seite 203)!)

Onkel Otto hatte seinen Feldstecher griffbereit neben sich auf der Wiese liegen. Während Tante Betty vom Montezuma Castle erzählte, wanderte er von Hand zu Hand.
Sie erwähnte, dass die Wohnanlage früher einmal etwa zwanzig Räume hatte und fünfzig Leute beherbergen konnte. Es war sehr mühevoll, in diese steile Felswand hineinzubauen. Das gesamte Baumaterial, also Lehm, Wasser, Steine und Hölzer, musste nach oben geschleppt werden. Das ging nur mit Körben auf dem Rücken über Holzleitern oder auf schmalen, in den Fels gehauenen Stufen. Natürlich wurden nicht gleich alle fünf Stockwerke gebaut, sondern nach Bedarf eins nach dem Anderen, wenn sich die Anzahl der Bewohner vergrößerte. Parallel zu den Leuten wuchs also auch deren Behausung mit. Jeder Familie stand ein Raum zu. In die nächste Etage stieg man über Leitern, meist durch eine runde Öffnung in der Deckenmitte des Raumes.

Lausespitz war von der Lage des Wohnhauses fasziniert, und er folgerte:

»Diese Wohnburg kann man überhaupt nicht mit Burg Bronn vergleichen. Ich habe keine Steinstufen durch den Feldstecher gesehen. Die Bewohner von Montezuma Castle konnten also nur mit Leitern herauf und hinunter. Sie mussten dabei ganz schöne Strapazen auf sich nehmen, und das alles nur, um sich vor Feinden sicher zu fühlen. Das war doch der Grund, warum sie diesen steilen und schwer zugängigen Bauplatz ausgewählt haben, oder Tante Betty?«, fragte Lausespitz.

»Tja, das stimmt. Das ist aber nur einer der Gründe gewesen«, bestätigte sie.

Peter deutete auf die Burg und meinte:

»Die Behausung dort drüben steht doch in einer Art Höhle. So sieht es wenigstens von hier aus. Die haben wahrscheinlich gar keine Rückwände gebraucht. Die Räume reichen bis zur hinteren Felswand.«

»Deine Beobachtung ist sehr gut, Peter. Im vierten Stockwerk haben sie wirklich zwei Räume in eine kleine Höhle eingebaut. Die Indianer damals haben also ganz bewusst Höhlen und Felsvorsprünge in ihre Konstruktionen miteinbezogen.«

Lausespitz stopfte sich erst den Mund voll Maissalat, nahm dann das Fernglas zur Hand und betrachtete das Castle lange von allen Seiten.

Schließlich fasste er seine Feststellungen zusammen:

»Mir dämmert was. Schaut doch mal, die vorderen Mauern ragen eigentlich gar nicht aus dem Felsen heraus. Die ganze Anlage scheint sehr geschützt darin zu stehen.«

Peter spann Lausespitzens Gedanken weiter:

»Ich hab's! Regen, Wind und Sturm können der Burg nichts anhaben, weil sie gar nicht herankommen.«

»Na Otto, sind unsere Jungen nicht die reinsten Intelligenzler?«, urteilte Betty voll Bewunderung.

Mäxchen rutschte auf seinem Stuhl hin und her. Er wollte unbedingt auch etwas Gescheites zu dem Thema beisteu-

ern, obwohl er es nicht so ganz verstand. Mit vollem Mund schwatzte er darauf los:
»Und dann haben sie es nicht weit zum Bach gehabt, wenn sie Wasser brauchten.«
Wie gewohnt schaute Lausespitz seinen Bruder zuerst sehr skeptisch an, doch dann hellte sich sein Gesicht auf:
»Sieh an, sieh an, mein kleiner Bruder! Eben hat er bewiesen, dass er schulreif ist. Er kann wirklich seinen Gehirnkasten in Bewegung setzen.«
Er ergänzte Mäxchens Behauptung sogar mit weiteren Beispielen:
»Klar, die haben auch in dem Felsen gewohnt, weil es hier in unmittelbarer Nähe fruchtbares Land gab. Die Wiesen sind saftig, Bäume wachsen und sicher haben sie auch Äcker gehabt. Vielleicht pflanzten sie Mais und Kürbisse an, die sie künstlich aus dem Biberbach bewässerten.«
»Fleisch hatten sie wohl ebenfalls genug«, fügte Peter hellwach hinzu. »Im Bach gab es Fische und sicher lebten auch Tiere auf den Bäumen oder zwischen den Büschen in der Nähe.«
»Wer sagt's denn! Ihr seid die cleversten Boys, die ich je erlebt habe«, lobte Tante Betty, und Onkel Otto stieß voll mit ein:
»Ihr Drei zusammen habt ohne Hilfe herausgefunden, warum die Indianer diese Wohnburg in den Felsen gebaut haben. Alle Achtung! Ihr könnt gut zuhören, scharf beobachten und richtig kombinieren.«

Lausespitz wollte wissen, was wohl aus den Bewohnern später geworden sei.
»Das ist nicht bekannt. Man weiß auch nicht, warum sie von hier weggezogen sind. Dreihundert Jahre lang haben Menschen in der steilen Felswand gelebt. Aber noch bevor Kolumbus Amerika entdeckte, haben die Bewohner Montezuma Castle verlassen. Sie hinterließen, wie die meisten Indianer, keine schriftlichen Beweisstücke. Deswegen

können wir heute nur Vermutungen über ihr plötzliches Verschwinden anstellen. Nicht nur hier verließen die Menschen ihre Heimat, auch andere Indianerstämme in der näheren und weiteren Umgebung brachen auf. Fühlten sie sich von Feinden bedroht, oder gab es etwa gefährliche Krankheiten? War der Ackerboden nicht mehr fruchtbar, oder versiegten gar die wenigen Wasserquellen? Diese letzte Theorie halten viele Forscher für die wahrscheinlichste. Es spricht nämlich tatsächlich einiges dafür.«
Lausespitz hörte mit gespitzten Ohren zu und wollte genau wissen, was es mit den ausgetrockneten Quellen vor so vielen Jahren auf sich hatte:
»Tante Betty, wie kann man denn nach so langer Zeit noch feststellen, dass es vor..., vor...« Hier unterbrach Lausespitz und murmelte gedankenverloren Zahlen vor sich hin. Man sah deutlich, dass er angestrengt rechnete. Peter fiel ihm helfend ins Wort:
»Vor sechshundert Jahren, Lausespitz.«
»Danke, Peter! Also, wie kann man denn nach sechshundert Jahren noch eine Trockenheit beweisen?«
Onkel Otto, Peter und Lausespitz schauten neugierig auf Tante Betty. Mäxchens Augen dagegen wurden immer kleiner. Er stand auf, setzte sich auf den Schoß seiner Tante und versuchte zu schlafen. Diese ließ sich aber nicht ablenken und antwortete:
»Das ist gar nicht schwer. Trotz der allgemeinen Dürre überlebten an einigen Stellen besonders widerstandsfähige Bäume. Sie wurden uralt. An ihren Jahresringen kann der Fachmann ablesen, wann die große Trockenheit begann und wie lange sie dauerte. Etwa fünfundzwanzig Jahre nämlich. Seit dieser Zeit, das heißt seit etwa sechshundert Jahren leben keine Menschen mehr in Montezuma Castle.«
Lausespitz, Peter und auch Otto dachten über das Gehörte nach. Dann meinte Lausespitz:

»Schade, dass hier niemand mehr wohnt. Es ist ein wunderschöner Platz. Die Wohnungen sind bestens geschützt vor Feinden und schlechtem Wetter. Außerdem liefert in dieser regenarmen Gegend der Bach da unten genügend Wasser für Menschen, Tiere und Pflanzen. Der Nachteil ist nur das unbequeme Hinauf- und Hinunterklettern zur Wohnung.«
Tante Betty schaute ihren Neffen verständnisvoll an und sagte:
»Jetzt verstehst du wohl auch, dass ich euch Montezuma Castle unbedingt zeigen wollte, und warum es gar nicht so wichtig ist, es von innen zu sehen.«
Lausespitz kam ins Fantasieren:
»Man müsste versuchen, es wieder bewohnbar zu machen. Man könnte Mais anbauen und verschiedene Gemüse. Vielleicht gäbe es auch Tabak für die Friedenspfeifen. Anderes Zeug würde dort sicher auch wachsen, zum Beispiel Baumwolle. Daraus haben die Indianer doch Teppiche und Umhänge gewebt. Tiere könnten hier leben. Es wäre wie in einem kleinen Paradies. Da könnte man es gut aushalten.«
Onkel Otto lachte verständnisvoll. Er mahnte aber:
»Langsam, Lausespitz, nicht so schnell! Lass uns erst einmal in Burg Bronn einziehen und dort eine Weile wohnen, bevor du in eine indianische Felsenburg übersiedelst!«

Inzwischen war es fast dunkel geworden. Mäxchen schlief schon fest. Peter und Lausespitz aber waren hellwach. Der letzte Dämmerschein tauchte die Klippenwohnung in geheimnisvolles Licht. Tante Betty brachte Mäxchen ins Bett. Zur Freude der anderen schlug sie dann vor, die idyllische Abendstimmung in diesem abgeschiedenen Tal noch eine Weile in Ruhe zu genießen. Der Zeltplatz sei nicht weit. Man könnte auch erst später hinfahren.

3. Indianeralltag im Rückblick

Betty rief den beiden Großen und Otto zu, sich etwas Warmes anzuziehen. Es würde rasch abkühlen, sobald die Sonne verschwunden sei. Als die Buben ins Wohnmobil kamen, brutzelte sie am Herd und fragte:
»Are you ready for desert?«
Sie verstanden Betty ohne Schwierigkeiten, nur in Englisch antworten können sie noch nicht. Also sagten sie auf Deutsch, dass sie selbstverständlich jederzeit ein Desert essen könnten.
Es dauerte gar nicht lange, da saßen sie zu viert warmverpackt auf ihren Campingstühlen und verzehrten genussvoll heiße Pfannkuchen aus Mais, gefüllt mit Sahne-Vanilleeis.

Betty griff das Gespräch von vorhin wieder auf:
»Glaubt ja nicht, das Leben in der Montezuma Wohnburg sei reines Honigschlecken gewesen. Ganz im Gegenteil, die fünfzig Leute hatten eine straffe Ordnung. Da musste jeder ran. Ihr habt bei Tageslicht gesehen, wie klein die Fläche für den Anbau von Getreide und Gemüse ist. Fünfzig Leute, die essen schon was weg. Und ihr dürft wegen der sommerlichen Hitze nicht annehmen, dass es hier das ganze Jahr über nur grünt, blüht und wächst. Auch wir kennen hier die vier Jahreszeiten. In den Höhen schneit es im Winter sogar.
Aber vor allem vergesst nicht, hier fehlt der Regen! Fruchtbarer Boden und Wasser stellen für die Leute die höchsten Güter dar. Weil Regen so entscheidend wichtig war zum Überleben, führten die Bewohner dieser wüstenähnlichen Gegend sogar rituelle Tänze auf. Bei den Hopi, Pima und Navajo Indianern spielten Gebete und Tänze um Regen eine große Rolle. Heute allerdings tanzen sie nur noch für Touristen.

Da die Indianer in Felsen hausten, konnten sie jedes Fleckchen der kostbaren Erde zum Anbau ihrer Nahrung nutzen. Alle Bewohner von Montezuma Castle halfen mit, Äcker anzulegen und zu bestellen, vor allem aber Kanäle zu bauen.
Wasser war das entscheidende Element. Hier floss, wie ein Gottesgeschenk, der schmale Biberbach, der ihnen die Leben spendende Feuchtigkeit buchstäblich vor die Haustür brachte. Mit seiner Hilfe konnten sie ihre Felder bewässern. Natürlich blieb Wasser stets kostbar und knapp. Aber die Äcker waren auch nicht sehr groß. So paßte beides zusammen, und mit geschickter Bewässerung und Pflege konnten sich die fünfzig Leute davon ausreichend ernähren.

Übrigens war Montezuma Castle nicht die einzige Wohnburg. Ganz im Gegenteil, es gab viele Felssiedlungen in den Canyons. So nennt man hier die tiefen Schluchten. Bereits vor zweitausend Jahren hausten Indianer in den Felsen. Damals soll das Land viel grüner und somit auch fruchtbarer gewesen sein.
Im Laufe der Jahrhunderte entstanden richtig große Siedlungen. Manche hatten zweihundert Räume. Das heißt, darin lebten zweihundert Familien, denn jeder Familie stand nur ein Raum zur Verfügung.«
»Ähnlich wie bei uns in den riesigen Wohnblocks der Großstädte. Dort sind auf engem Raum auch viele Familien untergebracht«, warf Otto Stahlberg ein.
»Ja, ganz recht. Eine Indianer-Wohnburg kann man mit einer solchen modernen Siedlung vergleichen. Es gab Handwerker, die für den Alltag notwendige Gegenstände herstellten, wie Pfeile und Bogen oder Körbe und Töpfe. Andere verarbeiteten Baumwolle und webten Stoffe. Wieder andere zeigten sich als wahre Meister im Herstellen von Schmuck. Noch heute sind vor allem die Navajos

bekannt für ihre wunderschönen Ketten, Armreife, Broschen und Ringe aus Silber, verziert mit blaugrünen Türkissteinen.
Häufig hatten die Indianer ihre Äcker oben auf einer Hochfläche, die über ihren Wohnburgen lag. Im Gegensatz zu den Montezuma Leuten stiegen sie nicht ab, sondern hinauf zur Feldarbeit. Vor allem die Hopi und Navajo Indianer lebten in wüstenartigen Regionen und brauchten deshalb ein ausgeklügeltes Bewässerungssystem für ihren Ackerbau.

In die einzelnen Stockwerke der Siedlung gelangte man nur über Leitern. Selten gab es in den Fels gehauene Stufen. Es passierte sicher mancher Unfall. Gerade für kleine Kinder oder alte Menschen konnte es gefährlich werden, die wackeligen Leitern rauf und runter zu klettern. In einem Indianermuseum habe ich einmal eine stattliche Anzahl von Krücken gesehen. Das heißt also im Klartext, dass viele der Felsklippenbewohner auf Krücken angewiesen waren, weil sie sich beim Fallen verletzt hatten. Die Krücken wurden aus Holz angefertigt. Sie sind für heutige Vorstellungen ziemlich klein und primitiv. Daraus können wir ableiten, dass auch die Indianer, ähnlich wie wir Europäer, früher wesentlich kleiner waren als heute.«
»So wie bei uns die kleinen Ritterrüstungen aus dem Mittelalter«, warf Peter ein.

»Wisst ihr eigentlich, dass es früher, bevor der weiße Mann das Land besiedelte, viel mehr Indianerstämme in Amerika gab als heute?«, fragte Betty. Die drei Zuhörer bejahten kräftig und wollten Namen von solchen Stämmen hören.
»Da ihr schon ein paar Namen kennt, nenne ich nur einige alte aus Arizona, sonst schwirrt euch der Kopf. In Montezuma Castle lebten die Sinagua. Hier in der Nähe gab es die Hohokam und im Osten hatten wir die Anasazi. Im

Westen gab es die Pima. Im Grand Canyon leben noch heute die Havasupai. Und daran schließt sich das Gebiet der Hopi und der Navajo an.
Manche Stämme trieben miteinander Handel. Andere lebten abgeschieden ohne engen Kontakt zur Nachbarschaft, wie zum Beispiel die Havasupai im Grand Canyon.

Die Stämme sprachen verschiedene Dialekte, sie pflegten unterschiedliche Sitten und Gebräuche.
Aber allen gemeinsam ist bis heute die Liebe zur Natur geblieben und die Ehrfurcht vor dem Leben. Uns modernen Menschen ist dies leider allzu oft abhanden gekommen. Erst langsam beginnen wir wieder, über unsere Umwelt nachzudenken. Wir erkennen, dass viel mehr Rücksicht auf sie genommen werden muss, wenn wir auch in Zukunft gesund und gut leben wollen. Der Mensch darf die Natur nicht nur ausnützen. Er muss das Gleichgewicht und eine gewisse Gleichberechtigung zwischen Pflanzenwelt, Tieren und Menschen anerkennen und beachten.
Die Indianer haben an diese Lehre schon immer geglaubt und nie daran gezweifelt.

Viel mehr als wir denkt der Indianer nach über die alltäglichen Dinge in seiner Umgebung und über die natürlichen Abläufe.
Er liebt die Stille und übt sich, seine Sinne aufmerksam auf etwas Bestimmtes zu lenken und darüber nachzudenken. Zum Beispiel beschäftigt er sich mit der für uns lebenswichtigen Luft. Ihr könnt sie hören und spüren. Ihr könnt sie riechen, ja sogar schmecken. Probiert das selbst einmal aus. Am besten an unterschiedlichen Orten und zu verschiedenen Zeiten. Ihr werdet erstaunt sein, was ihr dabei alles beobachten und feststellen könnt.
Ein Indianer-Dichter sieht in den Grashalmen eines der schönsten Geschenke Gottes. Sie sind grün und weich,

und sie duften. Sie beugen sich und richten sich wieder auf. Sie werden abgefressen und trotzdem wachsen sie erneut, sowohl im Schatten als auch in der Sonne. Große Büschel machen sogar harte Felsen weich. Kleine Tiere finden in ihnen ein sicheres Versteck. Und für uns Menschen geben sie einen guten Rastplatz ab.

Als ich vorhin Wasser im Topf erhitzte, fielen mir die Betrachtungen eines Medizinmannes der Sioux Indianer ein. Er sagte:

»Das Wasser kommt aus der Regenwolke. Sie ist das Sinnbild des Himmel.

Das Feuer, welches das Wasser erhitzt, erinnert den Indianer an die Wohltaten der Sonne.

Der Dampf, der aus dem Topf emporsteigt, ist der Atem des Lebens. Zuerst war er Wasser, dann steigt er zum Himmel empor und wird zur Wolke. Aus ihr regnet es wieder zur Erde herab.«

Der Medizinmann dachte dabei an Wakan Tanka, das ist der Große Geist, der für alle Menschen sorgt.

Kocht der Indianer Fleisch, dann denkt er voll Dankbarkeit an das lebende Tier, welches ihm jetzt als Nahrung dient.

Respekt und Achtung vor allem Lebenden auf unserer Erde sind Grundpfeiler indianischer Weltanschauung.

Die Navajos lehren ihre Kinder ein altes Sprichwort:

Behandle alle Menschen so, als ob sie mit dir verwandt wären!

Alte Menschen genießen bei ihnen großes Ansehen wegen ihrer langen Lebenserfahrung.

Wollen Eltern ihre Söhne zu besseren Leistungen anspornen, so ermuntern sie diese:

Bedenke, oh Sohn, dein Großvater konnte gut springen und schnell laufen. Im Pfeilschießen war er einer der besten.

Daraufhin bemühen sich die Söhne, ihrem Vorfahren nachzueifern und sich anzustrengen, ihn, wenn möglich, noch zu übertreffen.«
Nun schwieg Tante Betty. Gespannt hatten Peter und Lausespitz zugehört. Nachdenklich saßen sie beieinander und ließen ihre Gedanken schweifen. Bewusst erlebten sie die abendliche Stille.
Nach einer Weile fragten sie Tante Betty, warum die Indianer ihren angestammten Lebensraum verlassen mussten.
»Bald nachdem Kolumbus Amerika entdeckt hatte, kamen immer mehr Menschen aus Europa herüber. Sie brauchten Land und drängten die Indianer allmählich immer weiter zurück. Anfangs wehrten sie sich gegen die Wegnahme ihres Landes. Auf Dauer aber waren sie machtlos der weißen Übermacht ausgeliefert. Die Weißen waren gute Kämpfer und hatten moderne Waffen. Trotz heftiger Gegenwehr konnten die Indianer nicht verhindern, dass die Siedler ihr Land in Besitz nahmen und ausbeuteten. Sie mussten mit ansehen, wie die Weißen das Gleichgewicht zwischen Natur und Mensch langsam zerstörten. Heute leben die Indianer fast nur noch in abgelegenen Reservaten. Sie versuchen dort, ihre Kultur und ihre Lebensweise zu erhalten. Das ist sehr schwer, denn vor allem die Jugend sucht Jobs, Abwechselung und Erholung außerhalb der Reservate. Sie wird von der modernen amerikanischen Lebensart in ihren Bann gezogen.
Die Kultur des roten Mannes stirbt langsam ab. Er hat nicht mehr die Kraft, die Werte seiner Vorfahren zu verteidigen und an seine Kinder weiterzugeben. Er erliegt den Versuchungen unserer westlichen Zivilisation, ihren Krankheiten und ganz besonders dem Alkohol.
Der weiße Mann kann heute nicht wieder gutmachen, was er in früheren Zeiten den Indianern in seinem Eroberungsdrang angetan hat. Allerdings können wir aufmerksam auf

das hören, was uns die indianische Kultur an kostbaren Lebensweisheiten zu bieten hat.«

Es war ganz still im Kreis der Zuhörer geworden. Tante Bettys gehaltvolle Erklärungen waren auf fruchtbaren Boden gefallen. Jeder ließ das Gesagte nachwirken und hing stumm noch eine Weile seinen eigenen Gedanken nach bis Onkel Otto leise zum Aufbruch mahnte.

IV.
In den Krallen des Kondors

1. Aufregung am Grand Canyon

Noch vor Sonnenaufgang weckte Tante Betty die Kinder. Sie erklärte, im Ferienmonat August seien viele Touristen auch aus anderen Ländern unterwegs, um die überwältigende Landschaft des Grand Canyons zu bestaunen. Energisch drängte sie zur Eile. Aus Erfahrung wusste sie, das Erlebnis des Grand Canyons ist am besten zu genießen, wenn man früh zu den Aussichtspunkten kommt, bevor der große Touristenstrom einsetzt. Das leuchtete allen ein. Die Jungen schluckten sogar ohne Murren, dass heute erst unterwegs gefrühstückt würde, um Zeit zu sparen.

Langsam fuhr der Camper dem Südrand des Canyons zu. Lichte Kiefernwälder säumten die breite Straße. Ab und zu belebten Espen mit ihren hellen Stämmen das Bild der Landschaft. Die Buben dachten zuerst, es wären Birken und wurden an daheim erinnnert. Tante Betty aber klärte sie auf:
»Espen nennt man auch Zitterpappeln, weil ihre Blätter sich selbst bei leichtem Wind so zittrig bewegen. Ihr kennt doch sicher den Ausspruch »der zittert ja wie Espenlaub«, wenn zum Beispiel einer in der Schule Angst hat, weil er keine Hausaufgaben gemacht hat.«
Onkel Otto hielt auf einem Parkplatz in unmittelbarer Nähe der Schlucht. Draußen war es noch recht frisch. Tante Betty bat deshalb die Kinder, ihre Pullover überzuziehen. Mäxchen nahm natürlich seine Fellweste. Als Betty das bemerkte, schmunzelte sie liebevoll:
»Geht's dir gut, oder hast du etwa Heimweh?«
»Quatsch, Tante Betty,« antwortete er. »Die Weste ist nur so schön kuschelig warm.«

Ein schmaler, geteerter Pfad schlängelte sich an niedrigen Bäumen und Büschen vorbei zum Aussichtspunkt. Lausespitz stand als Erster auf der breiten Felsplatte, die unmittelbar am Abgrund lag. Ein stabiles Gitter sicherte sie.
Welch ein grandioser Blick tat sich da plötzlich vor ihm auf! Mit offenem Mund und glänzenden Augen schaute er in die gewaltige Weite einer Felslandschaft, in die tief eingeschnittenen, verästelten Schluchten hinunter. Dunkel schimmerte der Grund. Das junge Licht des Tages hatte noch nicht seinen Weg in die Tiefe gefunden.
Zahlreiche, bizarr geformte Felstürme reckten sich in die Höhe. Breite Tafelberge wechselten mit schroffen, stufenförmigen Klippen und bildeten eine überwältigende Erhabenheit.

Jetzt schob sich ein schmaler, orangefarbener Sonnenstreifen hinter spitzen Felsminaretts hervor und ließ diese in kräftigem, hellem Rot aufleuchten. Die Sonne schien es recht eilig zu haben. Rasch stieg ihr riesiger Feuerball am blauen Himmel empor. Schluchten, Felsen und Berge, das ganze atemberaubende Panorama tauchte sie in eine wunderschöne Komposition von Gelb- und Rotschattierungen.
Der Colorado Fluss aber zwängte sich tief unten wie ein dunkles, schmales Band durch den engen Felsengang.
Nur zögernd tastete sich die höher steigende Sonne mit ihren Strahlen in das Labyrinth der Schluchten hinab. Dabei zauberte sie ein prächtiges Farbenspiel auf die malerische Steinlandschaft in der Tiefe.
Ein neuer Tag war strahlend aufgegangen!
Lausespitz schwelgte im Anblick dieses größten Naturwunders. Er holte tief Luft und meinte:
»So was Mega-Ultra-Galaktisches habe ich in meinem ganzen Leben noch nie gesehen!«

Wirklich, zu dieser frühen Morgenstunde waren erst wenige Touristen unterwegs.
Deswegen schlug Tante Betty vor:
»Wie wäre es mit einem Frühstück hier oben am Rande des Grand Canyons?«
Keine Frage, der Vorschlag wurde mit freudigem Indianergeheul angenommen. Schnell hatten sie in sicherer Entfernung zum Abgrund einen Rastplatz mit Tischen und Bänken gefunden. In kürzester Zeit zauberte Tante Betty ein herrliches Frühstück. Alle genossen bei warmem Kakao und Kaffee mit leckeren Sandwichs den unbeschreiblich schönen Blick auf den Grand Canyon.
Otto Stahlbergs Fernglas wanderte von Hand zu Hand und erlaubte, Interessantes näher heranzuholen.

Tante Betty erzählte, wie der Grand Canyon vor unvorstellbar langer Zeit, in der Frühgeschichte der Erde, entstand.
Mächtige Wände aus Granit, dem Urgestein der Erde, bilden die untersten Schichten des Canyons. Jahrmillionen lagerten darauf ihre Sedimente aus Kalk und Sand ab. Hoher Druck ließ sie zu Stein und Felsen werden, die der wild zerklüfteten Landschaft ihr rötliches Aussehen gaben. Damals begann der Fluss, sein Bett immer tiefer in die Schlucht hineinzugraben.
Unbegreiflich, was die Kraft dieses von oben so harmlos aussehenden Wassers im Laufe der Zeit geschaffen hatte!
»Der Höhenunterschied von der Talsohle bis hinauf zum Rand des Canyons beträgt eintausendachthundert Meter«, wusste Tante Betty.
»Hui, das sind ja fast zwei Kilometer«, ergänzte Peter. »Da braucht man eine halbe Stunde, um hinunterzulaufen.«
»Das würdest du nie schaffen, Peter. Der Abstieg zwischen den steilen Felsen ist sehr beschwerlich. Nur wenige schmale Saumpfade führen im Zick-Zack hinunter. Es ist

äußerst gefährlich, ohne Führer auf eigene Faust zum Fluss abzusteigen.«

Und sie fuhr fort:

»Leider gibt es immer wieder unvernünftige Leute, die mit schlechtem Schuhwerk und ohne Wasservorrat oder Sonnenhut losmarschieren. Was glaubt ihr wohl, wie höllisch heiß es da unten ist. Fast genau so wie neulich auf unserem Ritt durch den trockenen Kakteenwald.

Wer hinuntergehen will, sollte zur Sicherheit den Park-Rangern Bescheid sagen. Das sind Männer und Frauen, die für ihre Arbeit speziell ausgebildet sind. Sie kennen die Wege, wissen den neuesten Wetterbericht und stehen in Funkkontakt mit der Zentrale. Falls gewünscht, besorgen sie auch Maultiere für Touristen, die den Weg nicht zu Fuß machen wollen.«

Raben und Mauersegler zogen enge Kreise über der kleinen Gruppe. Auch ein Eichhörnchen mit buschigem, weißem Schwanz näherte sich zutraulich. In einiger Entfernung standen sogar Rehe, die sie neugierig zu beobachten schienen.

»Füttert bitte die Tiere nicht! Das ist streng verboten!«, warnte Tante Betty.

»Die vielen Touristen bringen hier das Leben der Pflanzen und Tiere bedrohlich durcheinander.«

Das Frühstück in dieser wunderschönen Umgebung war beendet. Sie packten alles zusammen. Jeder trug etwas zurück zum Camper.

Otto Stahlberg saß wieder hinter dem Steuer. Er wollte selbst weiterfahren, damit Tante Betty in aller Ruhe die Landschaft erklären konnte. Lausespitz und Peter hatten bereits ihre Plätze eingenommen. Da fiel Bettys Blick auf die Kamera, die vorne neben dem Fahrersitz lag. Sie hatte den Apparat ganz vergessen.

»Wie schade, dass wir vor diesem Bilderbuch-Hintergrund kein Frühstücksfoto gemacht haben«, meinte sie bedauernd. Und mit einem Blick auf den neben ihr stehenden Neffen ergänzte sie:
»Los Mäxchen, das holen wir auf die Schnelle nach. Ich mache wenigstens von dir ein Erinnerungsfoto.« Sie nahm Mäxchen an der Hand und ging mit ihm zurück zur nahen Aussichtsplattform.
Während Betty mit der richtigen Einstellung der Kamera beschäftigt war, lachte Mäxchen schon in die Linse.

Auf einmal fiel ein großer Schatten auf die beiden. Erschreckt schauten sie hoch. Einige Meter über ihren Köpfen kreiste ein mächtiger Raubvogel. Seine ausladenden Schwingen schlugen heftig auf und ab.
Plötzlich legte er die Flügel an, warf sich im Sturzflug auf das kleine Mäxchen und versuchte, ihn mit seinen spitzen Krallen zu packen.

Zu Tode erschrocken schrie dieser auf und schlug wild um sich. Er wehrte sich mit seiner ganzen Kraft, aber der große Vogel war stärker.
Offensichtlich reizte ihn Mäxchens abgewetzte Fellweste. Er krallte sich darin fest, und schon hob er mit kräftigen Flügelschlägen wieder vom Boden ab. Wenige Augenblicke nur, und er schwebte mit seiner Beute unerreichbar über dem Abgrund.
Tante Betty stand wie vom Schlag gerührt. Der Schreck lähmte ihre Glieder. Alles ging unwahrscheinlich schnell. Bevor sie zur Hilfe eilen konnte, war Mäxchen schon weg. Betty konnte es nicht fassen, völlig außer sich schrie sie laut um Hilfe. Im Nu war sie von Onkel Otto, den beiden Jungen und einigen Touristen umringt. Sie zeigte auf den davonfliegenden Vogel und konnte vor Aufregung kaum sprechen:
»Das Monster da hat Mäxchen entführt. Ich wollte ihn packen, da war er aber schon weg.«
Sie schluchzte laut, Tränen rannen ihr Gesicht herunter.
Otto Stahlberg traute seinen Augen nicht. Durch sein Fernglas erkannte er deutlich, wie Mäxchen zwischen den Krallen eines ungewöhnlich großen Raubvogels hing.
»Nein, das darf nicht wahr sein!«, rief er entsetzt. »So etwas gibt es doch nicht! Ein Vogel entführt unser Kind!«
Das verzweifelte Schreien lockte immer mehr Leute herbei. Sie sahen den Riesenvogel mit seiner Last in der Ferne verschwinden und begriffen sofort, was geschehen war. Alle redeten aufgeregt durcheinander. Jemand rief etwas von »Information Center«.
Da packe Otto Stahlberg Tante Betty fest am Arm und brachte die Heulende zum Wagen.
»Los, rasch!«, rief er den Jungen zu, »wir müssen sofort was unternehmen.«
Viel zu schnell fuhr er auf der inzwischen stark befahrenen Straße und bremste abrupt mit quietschenden Reifen direkt vor der Eingangstür des Besucher-Zentrums. Eilig

rannten er und die anderen hinein, um das entsetzliche Unglück zu melden.
Die beiden jungen Ranger erkannten sofort, dass sie allein nicht helfen konnten. Sie riefen die Zentrale an und gaben durch, welch schlimme Tragödie geschehen war.
Dort wurde umgehend ein Krisenstab gebildet. Eine Entführung dieser Art hatte es hier noch nie gegeben. Deshalb war die Aufregung besonders groß. Eilig besprach man sich, was am besten zu tun sei. Nach kurzer Beratung leiteten die offiziellen Helfer per Funk mehrere Suchmaßnahmen ein.

Auf dem kleinen Flugplatz in der Nähe startete eine Sportmaschine und flog das Gelände um den Grand Canyon ab.
Die Radio- und Fernsehstationen im Sendegebiet unterbrachen ihre Programme und informierten die Bevölkerung über das grausige Geschehen. Sie baten dringend, jede Auffälligkeit, die zu dem Fall paßte, sofort zu melden.

Im Besucherzentrum tat auch eine Ornithologin Dienst. Diese Vogelkundlerin, Frau Dr. Debbie Bird, bemühte sich, von Betty Brown und Otto Stahlberg möglichst viel über den Riesenvogel zu erfahren.
Bald war ihr klar, dass es sich nur um einen Kondor handeln konnte. Als Expertin wusste sie, dass erst vor wenigen Monaten mehrere Paare dieser bedrohten Geierart im weiteren Umkreis des Grand Canyons ausgewildert wurden. Sie lebten vorher in Kalifornien, wo sie aber wegen der Umweltprobleme vom Aussterben bedroht waren. Einige waren sogar gegen Hochspannungsmasten geflogen.
Auch Wilderer setzten diesen seltenen Tieren nach und versuchten, sie zu fangen und an Liebhaber ins Ausland zu verkaufen.

Die Eier der Weibchen waren ebenfalls sehr gefragt. An sie heranzukommen, war ein äußerst gefährliches Unternehmen, da die Nistplätze häufig auf unzugänglichen, schmalen Felsvorsprüngen lagen.
Obwohl Dr. Bird wusste, dass ihr Tante Betty keinen Bären aufband, kam ihr manches unwahrscheinlich vor.
Die Spannweite der Flügel eines Kondors ist gewaltig. Sie kann bis zu drei Meter betragen, überlegte die Wissenschaftlerin.
Kein Wunder also, dass Mrs. Brown von einem Riesenmonster sprach. Es sind wirklich sehr kräftige Tiere, allerdings reine Aasfresser. Deshalb war es ihr unverständlich, warum der Vogel als Beute einen kleinen Jungen packte, der nur frisches Fleisch bieten konnte.

Richtig hellhörig wurde Dr. Bird aber, als Betty Mäxchens Fellweste erwähnte, die er an diesem Morgen trug. Ob der Vogel dadurch getäuscht wurde und meinte, den Kadaver eines abgestürzten Lämmchens vor sich zu haben? Aber der Junge bewegte sich doch und lebte! Er war doch kein Aas! Oder wurde das Tier vielleicht durch den Geruch der Weste angezogen?
So sehr sie auch nachdachte, sie fand keine Erklärung für das Verhalten des Kondors.

Sehr große Sorgen machte sich Dr. Bird darüber, dass der Vogel mit dem Kind über die Schluchten des Grand Canyons flog. Wie stark war er, und wie lange könnte er seine Last tragen? Und überhaupt, wohin würde er fliegen?
Sie wusste, dass die Beute stets auf kürzestem Weg zum Nest gebracht wurde.
Das Kondor-Weibchen legt im Frühjahr meist nur ein Ei und brütet dann etwa drei Monate lang. Es könnte also jetzt im August die Beute wirklich zu seinem ausgeschlüpf-

ten Jungen gebracht haben. Das Jungtier kann erst nach einem halben Jahr fliegen und muss darüber hinaus noch mehrere Monate gefüttert werden, bis es gelernt hat, sich selbst zu versorgen.
Aber alle Vermutungen, welche die Vogelkundlerin anstellte, erschienen unwirklich.

Betty war immer noch ein Häuflein Elend, als sie mit Otto zu Lausespitz und Peter zurückkam. Der Chief-Ranger, das ist der Chef der Parkaufseher im Grand Canyon, bot ihnen in einem kleinen Besucherzimmer erst einmal Erfrischungen an, damit sie sich etwas beruhigten. Dann erklärte er ihnen, wie die »operation Max« -so bezeichnete er die Suche nach Mäxchen- ablaufen sollte:
Auf dem kleinen Flugplatz in der Nähe bereite sich ein Rettungsteam vor, dem außer Dr. Bird und ihm noch der Captain der Piloten angehöre. Er führe mit Dr. Bird gleich dorthin. Die deutschen Besucher könnten hier im Zimmer bleiben, um sich ein wenig von dem Schock zu erholen. Die Ranger draußen im Office würden ihnen helfen, wenn sie irgendwelche Wünsche hätten. Auf Tante Bettys flehentliche Bitte hin, versprach er, sie sofort zu informieren, wenn es Neuigkeiten gäbe.

2. Rast in luftiger Höhe

Wie erging es aber nun Mäxchen auf seinem unfreiwilligen Flug in den Krallen des Raubvogels?
Er wusste natürlich nicht, dass es einer der seltenen Kondore war. Von solchen Riesenvögeln hatte er noch nie etwas gehört.
Je mehr er zappelte, umso stärker packte ihn der Vogel mit seinen Krallen und hielt ihn fest.
Trotz der Kleidung schmerzte das fürchterlich. Mäxchen begriff schnell, dass es besser sei, sich ruhig zu verhalten.
Der Vogel flog in einer leichten Kurve zur Rückseite eines kegelförmigen Berges. Dort setzte er das Kind hoch oben auf einem schmalen, terrassenähnlichen Vorsprung ab.

Mäxchen konnte sich kaum bewegen, so eng war es hier. An ein Weglaufen war nicht zu denken. Hinter ihm ragte senkrecht eine rotbraune Felswand empor. Was unten in der Tiefe lag, konnte er nicht sehen, denn der Vogel saß wachsam unmittelbar vor ihm am Rand des Felsvorsprungs.
Voller Furcht schaute ihn Mäxchen an. Tränen kullerten ihm über die Backen, nur langsam beruhigte er sich. Vor Angst wagte er nicht sich zu bewegen. Er wollte die spitzen Krallen des Vogels nicht noch einmal spüren.
Unverwandt blickte ihn der Vogel mit seinen starren Augen an. Er schien ihn genau zu beobachten. Mäxchen hatte den Eindruck, er hätte sich absichtlich da vorne hingehockt. Wollte er ihn vor dem Abgrund schützen, oder wollte er ihn nur in Schach halten?
Auf einmal wurde ihm seine traurige Situation so richtig bewusst. Ganz allein hier oben mit dem Kondor. Leise schluchzte er vor sich hin:
»Mama, bitte Mama, hol mich weg von hier!«

Da hopste der Vogel näher zu ihm heran. Er spürte nun sein weiches Federkleid. Mäxchen tat das irgendwie gut. Komisch, ob der Vogel ihn verstand, als er nach seiner Mama rief? Spürte er vielleicht, wie hilflos und verlassen er sich fühlte?

Stockend erst und leise, dann aber immer lockerer begann Mäxchen auf seinen Entführer einzureden:
»Warum hast du mich eigentlich mitgenommen? Was hast du mit mir vor? Du kannst mich doch deinen Kindern nicht zum Fraß vorwerfen? Ich bin doch kein Lamm und auch kein Hase.« Nun rückte der Kondor zutraulich noch dichter an Mäxchen heran, der es jetzt vorsichtig wagte, sich an sein weiches Gefieder zu kuscheln. Das war sehr angenehm, es tröstete ihn sogar ein wenig.
»Was machen wir jetzt? Ich kann doch nicht ewig hier sitzen bleiben. Sicher verdurste ich bald. Bringe mich bitte, bitte weg von hier oben!«

Der Vogel schien Mäxchen wirklich zu verstehen. Mit einem gedämpftem »Kruh-Kruh« rieb er seinen Kopf zart an Mäxchens Hals. Das war schön. Er musste sogar ein bisschen lächeln, weil es kitzelte.
»Ach Kruh, vielleicht willst du mich ja gar nicht an deine Jungen verfüttern«, fuhr Mäxchen wie im Selbstgespräch fort.
Kruh schmiegte sich nun noch etwas fester an ihn. Auch Mäxchen wurde immer zutraulicher. Vielleicht könnten sie Freundschaft schließen?
»Du kannst ja richtig lieb sein, Kruh, und tust mit auch kein bisschen weh mit deinem krummen Schnabel. Warum nur hast du mich mitgenommen?«

Die Sonne stieg langsam höher, und es wurde immer wärmer auf dem Felsen. Der Kondor begann unruhig hin und her zu hüpfen, wobei er mit seinen halb geöffneten Flügeln den Rand des Felsen abdeckte. Mäxchen hatte jetzt gar keine Angst mehr vor ihm. Im Gegenteil, er fühlte sich durch die aufgespannten Schwingen beschützt. Er spürte, dass der Vogel ihm nichts antun wollte.

Kruh hockte sich nun so hin, dass sein Bauch den Boden berührte. Dabei warf er den Kopf in die Höhe und blickte Mäxchen aufmunternd an, als ob er sagen wollte:
»Los, steig auf, wir fliegen weiter!«, und genau das tat der Junge.
Er sank richtig hinein in das Federkleid. Bequem und sicher fühlte er sich auf dem weichen Rücken. Den Kopf legte er an den Hals des Vogels, und mit den Händen hielt er sich an den Bauchfedern fest. Jetzt hüpfte Kruh an den Felsrand, und wie von einem Sprungbrett schwang er sich mit kräftigen Flügelschlägen in die Luft. Ein starker Aufwind aus dem Canyon erfasste die beiden und ließ sie wie ein Segelflugzeug in Richtung Osten davonschweben.
Dieser Ritt durch die Lüfte war zwar etwas ganz anderes als der durch die Kakteenwüste, aber Mäxchen fing langsam an, daran Gefallen zu finden. Er fühlte sich auf dem Rücken des Kondors absolut sicher.

3. Der sprechende Riesenvogel

Rasch gewann der Kondor an Höhe. Hin und wieder sorgte er mit kräftigen Flügelschlägen für Richtung und Geschwindigkeit. Er schwebte mit seiner Last über die wilden Schluchten des Canyons hinweg auf ein flächendeckendes Waldgebiet zu.
Als Mäxchen nach einer Weile herunterguckte, sah er statt der bizarren Felslandschaft nur noch dunkelgrüne Baumkronen. In der Ferne ragte ein Turm aus dem krausen Grün heraus.
»Das ist aber kein Kirchturm, Kruh. Der hat ja oben einen Balkon. Sieht komisch aus«, plapperte er drauf los. »Er steht ganz allein in der Landschaft. Wozu der wohl gut sein soll?«
»Kruh-Kruh, Kruh-Kruh«, erwiderte sein neuer Freund.
»Wo bringst du mich denn hin, Kruh?«, setzte Mäxchen das Zwiegespräch fort. Doch der Vogel antwortete abermals nur mit einem lang gezogenen »Kruh-Kruh«.
»Deine Sprache verstehe ich nicht. Ich weiß nicht, was du mir sagen willst.«
Es schien wirklich, als würde sich der Kondor mit seinem Fluggast unterhalten, denn immer wieder stieß er sein krächzendes »Kruh- Kruh« aus. Auch Mäxchen war alles andere als mundfaul, und so führten die beiden in der Luft ein angeregtes Gespräch.

Der Vogel näherte sich dem Turm, auf dessen umlaufender Brüstung die junge Hillary, eine Studentin, stand.
Sie hatte sich zusammen mit ihrer Freundin Jenny freiwillig für einen Job in dieser waldigen Einsamkeit gemeldet. In vier Wochen würden ihre Prüfungen an der Universität beginnen. Die beiden Mädchen hatten vor, Deutschlehrerinnen zu werden. Hier in der Abgeschiedenheit der Wälder wollten sie sich auf ihr Examen vorbereiten. Und

dabei verdienten sie noch Geld bei freier Unterkunft und Verpflegung.
Du glaubst das nicht?
Doch, es stimmt! Was meinst du wohl, was das für ein Turm war?
Ganz einfach: Sie taten Dienst auf einem Feuerbeobachtungsturm.

In den weiten, unwegsamen Wäldern kommt es in der trockenen Jahreszeit immer wieder zu Bränden, meist durch Blitzschlag in hohen Bäumen oder durch Selbstentzündung im Unterholz. Auch Menschen, die auf Abenteuersuche das Gelände durchstreifen, verursachen durch Unachtsamkeit gefährliche Feuer. Da dort nur wenige Leute leben, wird ein Brand meist erst entdeckt, wenn er bereits gewaltige Ausmaße angenommen hat.
Wie soll man dann löschen? Es gibt weder Wasser noch Wege in der Nähe.
Deshalb versuchen die Forstleute, Brände so früh wie möglich zu erkennen, wenn sie noch klein sind und wenig Schaden angerichtet haben.
Zur Beobachtung der Gegend dienen die hohen Türme.
Die Mädchen hatten also die Aufgabe, von der Balustrade aus nach Rauchsäulen oder Feuerschein Ausschau zu halten. Ihre Beobachtungen mussten sie sofort per Telefon an eine Zentrale melden.
Einmal in der Woche kam auf dem holprigen Verbindungspfad ein schmales, geländegängiges Fahrzeug vorbei. Es brachte ihnen frische Verpflegung, Post und was sie sonst noch brauchten.
Ein solcher Turm war genau das Richtige für die beiden Studentinnen. Niemand und nichts lenkte sie ab. Sie konnten sich voll auf ihr Studium konzentrieren.
Regelmäßig mussten sie den Horizont aufmerksam nach Brandzeichen und Rauchfahnen absuchen. Dabei hatten die beiden ihre festen Angewohnheiten.

Hillary liebte es, mit ihrem Buch Runden in der frischen Luft zu drehen.
Einmal lief sie oben auf der Brüstung des Turms rechts und einmal lief sie links herum. Das machte sie viele Male hintereinander. Auf diese Weise hatte sie nicht nur frische Luft, sondern gleichzeitig Bewegung
Jenny dagegen saß lieber innen im Turm an den Fenstern, schaute vom Buch hoch auf die Wälder und von den Wäldern wieder herunter ins Buch.

Gerade marschierte Hillary mal wieder hin und her, da sah sie einen großen Vogel auf den Turm zufliegen. Spontan fiel ihr ein deutsches Kinderlied ein, und laut begann sie zu singen:
»Kommt ein Vogel geflogen, setzt sich nieder auf mein' Fuß, hat im Schnabel ein Briefchen...«
Sprachlos vor Erstaunen hörte sie, wie der Vogel mit heller Kinderstimme ergänzte:
»... und von der Mutter einen Gruß.«

Entgeistert starrte sie auf die eigenartige Erscheinung, die oben einen Buckel hatte. Rasch rannte sie auf die andere Seite hinüber, aber schon war der Riesenvogel vorbeigeflogen und schwebte davon. Sofort eilte sie zu ihrer Freundin im Turmraum und berichtete fassungslos, was sie soeben erlebt hatte.

Das klang völlig unglaubwürdig. Mitleidig lächelnd blickte Jenny sie an und klappte ihr Buch zu.

»Du bist übergeschnappt, Hillary! Mach mal eine Pause! Du lernst einfach zu viel!«, versuchte sie die Freundin zu beruhigen.

Dann schaute Jenny aus den Fenstern und meinte, dass der riesige Vogel dort hinten am Horizont viel zu groß für einen Papageien sei. Worauf Hillary beleidigt betonte, dass sie nie von einem Papagei gesprochen hätte. Sie wüsste selber, dass dieses Riesenvieh kein Papagei sein könne. Außerdem hätte er keine bunten Federn.

Jenny schlug vor, Hillary solle nach unten in die Küche gehen und was Leckeres kochen. Am besten etwas Chinesisches, damit sie vom Deutschen abschalte.

Zornig schaute Hillary ihre Freundin an und stieß wütend hervor:

»Shit, shit, shit! Dreimal shit!«

Dann lief sie nach unten, von wo bald laute Radiomusik und Töpfeklappern heraufschallte.

Plötzlich aber kam Hillary die Treppe wieder hochgerannt und berichtete aufgeregt, sie habe gerade eine höchst interessante Radiomeldung gehört. Die beweise nämlich, dass sie vorhin doch keine Halluzinationen gehabt hätte. Ein kleiner, deutscher Junge sei am Grand Canyon von einem Kondor entführt worden. Trotz mehrerer Suchtrupps wüsste man bisher nichts über den Verbleib des Kindes und des Vogels. Sachdienliche Beobachtungen möchte man bitte unverzüglich melden.

Jenny klappte energisch ihr Deutschbuch zu und fragte ungläubig:
»Du meinst also, du hast den Jungen gehört? Hast du ihn denn auch gesehen?«
»Nein, erkennen konnte ich ihn nicht. Aber der Vogel hat so einen komischen Buckel auf dem Rücken gehabt«, gab die Freundin zur Antwort. Entschlossen setzte sie hinzu: »So, und jetzt telefoniere ich und melde, was ich gesehen habe.«

4. Hat Frau Müller einen Sonnenstich?

Frau Müller, Annegret Müller, sonnte sich am späten Nachmittag im Liegestuhl auf dem Dach des Hausbootes und genoss es, von ihrem Mann über den Powell-See geschippert zu werden.
Nach ausgiebigem Schwimmen fand sie es herrlich, jetzt in dieser himmlischen Ruhe, die Weite des Sees mit den majestätischen Bergkolossen im Hintergrund zu erleben. Vorhin erst hatten sie ein gewaltiges Felsmassiv umschifft, das sie an eine mächtige Kathedrale erinnerte. Kein Wunder, hier in dieser prächtigen Landschaft wurde einem richtig feierlich zu Mute.
Wirklich eine gute Idee ihres Mannes, hierher zu reisen und einmal nichts zu tun.

Sie und ihr Mann hatten immer sehr viel geschafft, ihr ganzes Leben lang. Gleich nach der Heirat musste das junge Paar nach dem Tod des Vaters dessen Geschäft übernehmen. Das war nicht leicht damals, denn die Leute verdienten noch nicht so viel wie heute. Sie sparten an allen Ecken und Enden. In jenen Jahren kaufte man nicht so schnell ein neues Fahrrad. Vielmehr wurden die alten immer wieder geflickt und repariert. Damals verdiente der Fahrradhändler sein tägliches Brot mehr in der Werkstatt und nicht wie heute im Verkaufsraum.

Früher gab es dort auch Kinderroller mit dicken Gummireifen. Heute müssen es für die Kleinen schon Minifahrräder mit Stützen sein, die man später abmontieren kann.

Annegret Müller dachte an ihre sechs Enkel. Fünf von ihnen hatten bereits einen fahrbaren Untersatz, um damit in Kindergarten und Schule zu radeln. Natürlich nur mit Schutzhelm! Der Sicherheit wegen! Das Geschäft lief gut, sie war wirklich zufrieden.

Die absoluten Verkaufsschlager stellten erstaunlicherweise immer noch die Mountain-Bikes dar. Jedes Jahr standen sie an Geburtstagen und Weihnachten ganz oben auf den Wunschlisten. Zwar machten sich auch Wünsche nach Computern breit. Frau Müller aber glaubte fest, dass Fahrräder bei Jung und Alt in Zukunft weiterhin gefragt sein würden. Allein schon wegen der Umweltdiskussion.

Inzwischen gibt es Bikes mit über zwanzig Gängen. Früher hatten Fahrräder überhaupt keine Gänge. Das ging auch. Da musste man einfach fester in die Pedale treten. Und wenn der Weg zu steil wurde, stieg man ab und schob. Heute ist das alles anders. Es wird fleißig geschaltet. Manche jungen Leute strampeln sogar lieber mit ihrem Bike steile Berge hoch, als dass sie zu Fuß die schöne Landschaft genießen.

Natürlich hatten die Müllers gegen diese moderne Freizeitgestaltung rein gar nichts einzuwenden. Brachte ihnen diese Entwicklung doch ein gut gehendes Geschäft mit wachsenden Verkaufszahlen.

Während Frau Müller auf dem Sonnendach ihren Gedanken nachhing, saß ihr Mann, Karl-Friedrich Müller, im Führerstand des Hausbootes am Steuer und genoss den Urlaub auf seine Weise.

Sein großes Hobby waren Schiffe und Wasser. Am liebsten wäre er als junger Mann Binnenschiffer auf dem Rhein geworden. Er war damals bereits auf dem besten Weg dahin. Er hatte sich schon auf der Seemannsschule angemeldet. Leider klappte es dann aber doch nicht. Ganz plötzlich musste er in das Fahrradgeschäft seiner Familie eintreten. Sein Vater wurde nämlich schwer krank. Und so sattelte er um. Bald hatte er statt des Patents für Turbinenschlepper auf Binnengewässern den Meistertitel als Fahrradmechaniker in der Tasche.

Wenn er in der Rückblende darüber nachdachte: Schlecht ist er damit eigentlich nicht gefahren. In den bescheidenen Zeiten, damals nach dem zweiten Weltkrieg, waren Fahrräder die Autos der kleinen Leute, und längst nicht jeder hatte eines.

Heute dagegen sind sie oft so hoch getrimmt, dass sie kostbare Luxusartikel darstellen. Immer häufiger werden sie zur Freizeitgestaltung sogar auf Autodächern über weite Strecken mitgenommen in den Urlaub.

Ihr Schaltsystem mit den vielen Gängen wird immer komplizierter. Man müsste eigentlich einen speziellen Durchblickerlehrgang absolvieren, um solche Räder reparieren zu können. Nein, das war nichts mehr für ihn!

Wie gut, dass sein zweiter Sohn Lust hatte, das florierende Geschäft zu übernehmen.

Herr Müller und seine Frau freundeten sich immer mehr mit dem Gedanken an, sich zur Ruhe zu setzen. Sie wollten auf gemütliche Weise die Welt kennen lernen.

Das war auch der Grund, weswegen er seiner Annegret zum vierzigsten Hochzeitstag diese USA-Reise geschenkt hatte. Es war an der Zeit, einmal so richtig auszuspannen, alleine und ohne Großfamilie.

Um es präzise zu sagen: Er wollte seiner Frau ihren lang gehegten Wunsch erfüllen, die berühmteste Schlucht der Welt zu besuchen, den Grand Canyon. Ihn selbst aber, als alter Wasser- und Schiffsnarr, interessierte viel mehr der große, künstlich aufgestaute Powell-See mit seiner Hausbootflotte.

Wie praktisch, dass Felsenschlucht und See nur 120 km auseinander lagen. So konnte man beide Ziele kombinieren und nacheinander ansteuern. Die weite Reise und besonders das gemietete Hausboot waren recht teuer. Aber man gönnte sich ja sonst nichts!

Und so saß er jetzt als stolzer Kapitän vorne im Wohnzimmer des Bootes auf seinem erhöhen Cockpitsessel, vor sich Steuerruder und Armaturenbrett. Von seinem Platz aus, hinter der Panoramascheibe, konnte er die Fahrtstrecke bestens beobachten.

Natürlich war ihm klar, dass ein echter Seebär über ein Hausboot nur milde lächeln würde. Herr Müller aber sah das nicht so eng. Ihm machte es einfach Spaß, bequem und gefahrlos durch diese herrliche, bizarre Felslandschaft zu tuckern.

Das schwimmende Heim bot viel Komfort. So luxuriös hatte er mit seiner Annegret noch nie auf dem Wasser gelebt. Sein alter, ausrangierter Fischkutter zu Hause kam hier überhaupt nicht mit. Seine Gedanken schweiften zurück. Der alte Kahn war sein Hobby. Er hatte keinen Motor mehr und lag fest vertäut in einem stillen Seitenarm des Rheins. Welch herrliche Stunden verbrachte er dort bei gutem Wetter mit seinen Enkelkindern.

Herr Müller war ganz begeistert von den prachtvollen, wechselnden Aussichten, die der See mit seinen Verästelungen nach jeder Biegung stets aufs Neue bot.
Letzte Nacht hatte er in einem der zahlreichen engen Canyons geankert. In völliger Einsamkeit genoss er mit seiner Frau die absolute Ruhe und stille Schönheit dieses abgelegenen Platzes.

Allmählich verblasste die rostbraune Farbe der Steilwände. Bald würden am Abendhimmel über ihnen wieder die Sterne in ungewohnter Klarheit blinken.
Heute über Mittag rasteten sie in einer kleinen, romantischen Bucht mit türkisfarbenem Wasser und hellem Sandstrand. Zuerst schwammen sie dort ausgiebig. Dann picknickten sie, und später bauten sie noch eine Sandburg, diesmal ohne Enkelkinder.
Jetzt tat sich wieder eine Weite auf, die eher an ein Meer erinnerte. Ganz erstaunlich, wie viele unterschiedliche Gesichter der See zeigte.
Erst vor knapp vierzig Jahren war diese Schönheit künstlich geschaffen worden.
Wie man das gemacht hat?
Zuerst wurde ein hoher Damm gebaut, um damit das Wasser des Colorados aufzustauen. Langsam stieg der Wasserspiegel höher und begrub Bäume, Wege und Hügel unter sich. Drei Jahre dauerte es, bis der Binnensee seine volle Größe erreicht hatte und das Wasser fast bis zur Kuppe der Staumauer gestiegen war.
Die Uferlinie ist stark zerfranst und verzweigt. Herr Müller hatte irgendwo gelesen, dass sie mit den vielen Seitencanyons zusammengerechnet dreitausend Kilometer lang sei.
Der See mit seinen verästelten Wasserflächen hat das Landschaftsbild gewaltig verändert. Wer die Schluchten durchschifft, könnte fast den Eindruck haben, durch den Grand Canyon zu fahren.

Warum schaffen die Menschen überhaupt solch einen großen, künstlichen See?
Dafür gibt es eine einfache Erklärung:
In dieser regenarmen Gegend stellt der See einen riesigen Vorratsbehälter für Mensch und Tier dar. Mit seinem Wasser werden die Felder begossen, und über große Leitungen fließt das kostbare Nass zu den Menschen in die Städte. Am Staudamm stürzen die Wassermassen dann in die Tiefe. Ihre Kraft treibt Turbinen an, die elektrischen Strom erzeugen.
Es ist erstaunlich, was die Menschen so alles zustande bringen!

Herr Müller träumte vor sich hin und dabei erinnerte er sich an Major John Powell, einen alten Haudegen ganz besonderer Art.
Voll Hochachtung gedachte er des Mannes, der dem See seinen Namen gab.
Das kam so: Ursprünglich hatte der Major mit Wasser rein gar nichts zu tun. Im Gegenteil, er kämpfte auf festem Boden im amerikanischen Bürgerkrieg. Das war vor etwa einhundertvierzig Jahren. Im Kampf verlor er sogar einen Arm.
Erst nach dem Krieg vollbrachte er eine Meisterleistung, die ihn auf einen Schlag in ganz Amerika berühmt machte, und das noch als Halbinvalide.
Zusammen mit acht mutigen Männern unternahm er die erste Expedition durch die Canyons des Colorado Flusses. Der Grand Canyon war zwar schon vorher von den Bleichgesichtern entdeckt worden. Wegen der unwegsamen, steilen Berghänge wagte jedoch niemand zum Colorado hinabzusteigen; geschweige denn, im reißenden Wasser durch die engen, unheimlichen Schluchten zu fahren.
Erst vierzig Jahre nach der Entdeckung des Grand Canyons ließ sich der einarmige Major Powell mit einigen

Begleitern auf dieses Abenteuer ein. Unvorstellbar, welchen Mut die Draufgänger mit ihren Holzbooten bewiesen, welche Strapazen sie auf sich nahmen und welche Gefahren sie überwanden!
Keiner kannte den Weg des schäumenden Flusses mit seinen gefährlichen Stromschnellen. Verglichen mit heutigen Expeditionen reisten die Unerschrockenen äußerst primitiv und lebensgefährlich. Immer wieder schlugen die Boote an Felsen leck oder kippten um. Es bedurfte geschickter Hände, sie zu reparieren und schwimmfähig zu halten.
Über drei Monate brauchten sie, um das Ende des Grand Canyons zu erreichen. Sie waren halb verhungert und am Ende ihrer Kräfte.
Aber was machte das schon? Sie hatten es geschafft!
Auf ihrem Weg stromabwärts fertigten sie Zeichnungen über den Verlauf des Flusses an und markierten die besonders gefährlichen Stellen. Sie führten wissenschaftliche Beobachtungen durch und schrieben alles auf. Spätere Expeditionen sollten es leichter haben.
Es war also nur recht und billig, die großartige Leistung des Majors zu würdigen und den neu entstandenen See vor dem Eingang zum Grand Canyon nach ihm zu benennen.

Herr Müller unterbrach seine Gedanken und schaute auf die Uhr. Es war schon später Nachmittag. Er klemmte das Ruder fest auf Selbststeuerung. Es konnte nichts passieren, eine weite, freie Wasserfläche lag vor ihnen.
Nun wollte er in aller Ruhe seine Frau auf dem Sonnendeck mit einem Glas Fruchtsaft überraschen.
Oben empfing ihn die Hitze des Nachmittags. Annegret lag nicht mehr auf der Liege. Sie war aufgesprungen und lief ihm ganz aufgeregt entgegen:
»Mensch, Fritz, du kommst gerade recht. Ich habe eben was völlig Verrücktes erlebt!«

Und schon begann sie eine total irre Geschichte zu erzählen:
»Stell' dir vor, ich döste im Liegestuhl so vor mich hin, da hörte ich plötzlich über mir in der Luft eine Kinderstimme rufen: Mein Durst wird immer schlimmer, wenn ich da unten das viele Wasser sehe. Könnten wir nicht irgendwo etwas trinken?
Du kannst dir denken, ich bin richtig zusammengefahren. Natürlich habe ich sofort hochgeschaut, und da sah ich einen sehr großen Vogel gar nicht so hoch über unserem Boot vorbeifliegen.«
Herr Müller schaute seine Frau ungläubig an und meinte unwirsch:
»Siehst du, Annegret, jetzt hast du deinen Sonnenstich! Ich hab dich ja gestern schon gewarnt. Du liegst viel zu lange hier oben in der Sonne. Kein Wunder, wenn du dann Riesenvögel deutsch sprechen hörst.«
»Blödsinn, Fritz! Ich weiß doch, was ich höre«, erwiderte seine Frau aufgebracht und trank das angebotene Glas in einem Zug leer.
»Komm mit runter, Annegret. Unten im Wohnraum ist es angenehm kühl. Da wird es dir bald wieder besser gehen. Hier oben ist es einfach zu heiß für dich.«
Frau Müller aber wollte nicht. Energisch antwortete sie:
»Ich bleibe hier oben auf dem Dach. Da kannst du machen was du willst. Vielleicht kommt der Vogel ja noch mal zurück.«
Herr Müller gab auf, er kannte seine Frau. Halblaut murmelnd »niemand kann zu seinem Glück gezwungen werden« stieg er achselzuckend die Treppe hinunter.

Unten übernahm er wieder das Steuer und überprüfte die Anzeigentafel. Alles war OK. Er zog sein Funk-Handy heraus und stellte es auf Empfang.

Als Hobby-Seemann konnte er natürlich auch funken. Der direkte Kontakt mit Gleichgesinnten in allen Ecken der Erde machte ihm sogar sehr viel Spaß. Deshalb hatte er sich auf seinem ausgemusterten Fischkutter am Rhein eine große Funkanlage eingebaut. Sie war besonders bei seinen Enkeln beliebt, die sich wunderten, daß ihr Opa mit Leuten sogar in Australien oder Südafrika sprach.

Herr Müller wusste aus Erfahrung, dass rechtzeitiger Funkkontakt in einer Notsituation lebensrettend sein konnte. Nie hätte er ein Boot gemietet, das keine solche Einrichtung besaß. Seine Frau war auch hier anderer Ansicht. Sie meinte, auf einem See, dessen Ufer man immer sehen könne, brauche man solch einen technischen Quatsch nicht.

Überrascht vernahm er eine quakende Stimme in seinem Gerät und versuchte sofort, den Ton lauter und klarer einzustellen. Und da hörte er, wie ein Funkerkollege eine Meldung verbreitete, die ihm den Atem verschlug.

Es war kaum zu glauben. Seine Annegret hatte also doch keinen Sonnenstich. Ein kleiner, deutscher Junge soll am Grand Canyon von einem Kondor entführt worden sein. Jetzt fiel es ihm wie Schuppen von den Augen. Der Vogel war mit seiner Beute über den Powell-See geflogen, und seine Annegret hatte das Kind sprechen gehört. So musste es gewesen sein.

Wie von einer Schlange gebissen, schnellte er hoch und eilte nach oben:

»Annegret, du hast richtig gehört. Du hast doch keinen Sonnenstich! Ich habe eben einen Funkspruch aufgefangen. Ein Riesenkondor hat ein deutsches Kind entführt. Die beiden sind bei uns vorbeigeflogen. Liebling, wenn das stimmt! Wir müssen sofort was unternehmen!«

Annegret Müller sprang wie elektrisiert auf:

»Natürlich stimmt das! Warum glaubst du mir eigentlich nie, wenn ich was sage?«

Schnurstracks eilten beide nach unten zum Führerstand. Herr Müller berechnete den genauen Standort des Hausbootes und funkte die Wasserpolizei an. Mit klarer Stimme meldete er sich und gab seine Position durch. Dann berichtete er, was seine Frau gehört und gesehen hatte.

Die Wasserpolizei war hoch erfreut über seine Meldung. Man war dort natürlich längst in allen Einzelheiten über die Entführung informiert, und so antwortete eine Stimme:

»Sehr gut beobachtet. – Kondor mit Kind also gesichtet über Powell-See. – Herzlichen Dank für schnelle Nachricht und genaue Positionsangabe. – »Operation Max« wird konzentriert in Richtung Powell-See. – Bitte melden Sie weitere Neuigkeiten. – Besonderen Dank an Frau Müller. – Bye-bye and over.«

Nach diesen Worten endete der hochinteressante Funkkontakt.

V.
Glück gehabt!

1. Notlandung auf dem Blätterdach

Die Mitglieder des Rettungsteams atmeten erleichtert auf, als sie hörten, dass der Kondor gesichtet worden sei. Er war also gen Osten geflogen und steuerte gottseidank keinen Nistplatz im Grand Canyon an. Das war eine gute Nachricht. Endlich hatten sie einen Anhaltspunkt, in welchem Gebiet man verstärkt suchen musste. Darüber waren sie natürlich sehr froh. Man sah es ihren Gesichtern deutlich an.
So ein Beobachtungsturm im Wald ist wirklich sehr nützlich, dachte Chief-Ranger Tom Watch. Von da oben lässt sich nicht nur ein Feuer frühzeitig entdecken. Man kann sogar Riesenvögel sehen, die Kinder durch die Luft tragen!
Die Verantwortlichen studierten die große Wandkarte und berieten in allen Einzelheiten, wie am besten weiter vorzugehen sei.
Ganz klar, das Waldgebiet und die angrenzende Felslandschaft des Colorados mussten systematisch nach Nordosten hin aus der Luft abgesucht werden. Debbie Bird wusste, dass es in der Gegend einige wenige Nistplätze gab. Zum Glück war die Landschaft dort längst nicht so stark zerklüftet wie unmittelbar im Grand Canyon. Es wuchs die Hoffnung, dass man Mäxchen bald in den Felsen entdecken würde.

Captain Fred Hardy überlegte kurz und entschied sich für den Einsatz einer kleinen, einmotorigen Propeller-Maschine. Sie war langsam, aber sehr wendig und eignete sich deshalb besonders gut für die Suche. Jim Mc Allister, sein bester Pilot, sollte sie fliegen.

»Sagen Sie bloß, Sie wollen Jim allein losfliegen lassen?«, fragte der Chief-Ranger besorgt.
»Nein, das wäre nicht optimal. Vier oder sechs Augen sehen immer mehr als zwei.«, erwiderte der Captain.
»Aber noch weiß ich nicht, wen ich ihm mitgeben soll. Im Moment sind die anderen Piloten mit Touristen unterwegs.«
»Klar, genauso wie jetzt in der Hochsaison meine Ranger mit den Tourist im Canyon«, nickte Tom Watch verständnisvoll.
Der Ornithologin aber fiel eine Begleitung ein. Sie berichtete, wie ihr Frau Brown und Herr Stahlberg sehr exakt den Kondor beschreiben konnten, obwohl sie sich in heller Aufregung befanden.
»Die Dame braucht vielleicht noch etwas Ruhe nach dem Schock. Aber den Herrn, den können Sie fragen. Den scheint so schnell nichts aus seinem Gleichgewicht zu bringen. Der fliegt bestimmt gerne mit. Und die zwei Kids, die dazu gehören, das sind zwei ganz clevere Bürschchen. Das fällt einem gleich auf. Die haben wache Augen und einen lebhaften, interessierten Blick. Fragen Sie die beiden doch auch mal!«
»OK, Birdy! Gute Idee! Wir wollen mal hören!«, und schon griff er zum Telefon, um im Besucherzentrum anzurufen.

Die drei Begleiter des Piloten Jim Mc Allisters hätten den Flug in der kleinen Maschine viel mehr genossen, wenn der Anlass nicht so traurig gewesen wäre. Kurz nach ihrem Start überquerten sie in geringer Höhe den Grand Canyon. Jim drehte die Maschine etwas, sodass sie tief unten das silberne Band des Flusses erkennen konnten. Einmalig und faszinierend, so direkt von oben in das Gewirr der Schluchten hineinzuschauen.
»Wie toll sieht das alles aus der Luft aus!«, begeisterte sich Lausespitz. Kaum gedacht, schämte er sich über seine

Freude, als er sich das Schicksal seines kleinen Bruders vorstellte.
Schon nach wenigen Minuten befanden sie sich über den Wäldern.
Der Lärm des Motors war nervtötend. Jeder trug Kopfhörer als Ohrenschutz und um die Anweisungen des Piloten verstehen zu können.

Jim Mc Allister wies nach vorn. Onkel Otto drehte sich zu den Jungen um und versuchte ihnen etwas zu erklären. Aber bei dem Krach konnten sie ihn nicht verstehen. Das war auch nicht nötig, denn sie merkten gleich, worum es ging. Die Maschine flog auf den Beobachtungsturm zu. Schon von weitem sahen sie jemanden auf dem umlaufenden Balkon stehen.
»Das ist sicher die Studentin, die Mäxchen sprechen gehört hat«, dachte Lausespitz. Interessiert guckte er auf die näher kommende Gestalt herunter.
Jim drosselte die Geschwindigkeit und winkte dem Mädchen zu, als sie am Turm vorbeiflogen. Es grüßte zurück und schien zu verstehen, dass auf ihre Meldung hin da oben schon ein Suchflugzeug unterwegs war.

Vier Augenpaare, zwei auf jeder Seite, suchten aufmerksam die Gegend ab. Ob sie wohl ein Lebenszeichen von Mäxchen entdecken würden? Peter und Lausespitz konnten sich nicht unterhalten, trotzdem war es für sie kein bisschen langweilig in ihren Sesseln. Ihre Nasen klebten an den Fensterscheiben. Sie fühlten sich anerkannt und sogar ein wenig stolz, dass der Pilot sie zu dieser Mission mitgenommen hatte. Ihre Hilfe war wirklich gefragt. Sie strengten sich deshalb ganz besonders an und ließen ihre Blicke immer wieder von links nach rechts und von rechts nach links schweifen. Das Rettungsteam hätte keine besseren Beobachter einsetzen können.

Nicht auszudenken, wenn Mäxchen etwas zugestoßen wäre! Lausespitz nahm sich fest vor, in Zukunft viel netter zu seinem kleinen Bruder zu sein. Auch wenn es ihm schwer fallen würde. Manchmal konnte der Knirps ja eine Nervensäge sein. Aber darüber würde er in Zukunft großzügig hinwegsehen. Er nahm sich vor, ihn nicht mehr zu knuffen und zurückzuärgern. Ganz egal, wie sehr ihn der Kleine piesacken würde. Ab sofort dürfe er jederzeit in sein Zimmer herein. Er wolle ihn auch überallhin mitnehmen. Hauptsache, Mäxchen tauche wieder gesund und munter auf.

Otto Stahlberg hatte die Geländekarte auf dem Schoß. Jim zeigte ihm darauf von Zeit zu Zeit, wo sie sich genau befanden. Immer wieder klemmte er seinen Feldstecher vor die Augen. Systematisch flogen sie in geringer Höhe über einen Streifen des großen Waldgebietes, drehten und nahmen sich dann den nächsten Streifen vor.
Im Laufe des Fluges wurde Otto Stahlberg klar, neben welch routiniertem Piloten er saß. Er bewunderte sein fliegerisches Können. Wie gut hatte er die Maschine im Griff. Er schien mit ihr verwachsen zu sein. Ein echter Buschpilot war er, ein Cowboy der Lüfte.
In kurzen Abständen sprach Jim etwas in das Mikro hinein. Wahrscheinlich meldete er seine Position. Vielleicht erhielt er sogar neue Tipps von der Zentrale. Jim und Otto hatten die gleiche Wellenlänge, sie waren sich auf Anhieb sympathisch. Auch Peter und Lausespitz mochten den Piloten. Er war sehr hilfreich beim Einsteigen in das enge Flugzeug gewesen und sprach sogar etwas deutsch.

Nun zog Jim die Maschine ein wenig hoch und drehte eine Schleife. Er wollte sich erst einmal aus größerer Höhe einen Überblick über den neuen Geländeabschnitt ver-

schaffen, den sie anschließend im Tiefflug absuchen würden. Da spürte er plötzlich, dass mit dem Motor etwas nicht in Ordnung war. Das gleichmäßige laute Knattern ging in ein unregelmäßiges Stottern über. Besorgt schaute er auf die Instrumente. Tatsächlich, einige Nadeln zitterten am Nullpunkt. Irgendetwas stimmte da nicht. Nur, woran konnte es liegen? Er zog und drückte an mehreren Knöpfen und Hebeln. Aber nichts tat sich. Das Stottern wurde stärker. Jetzt merkten es auch die anderen. Beunruhigt blickten sie auf den Piloten. Einmal noch drehte der Motor kurz auf. Dann knallte es mehrmals wie bei Fehlzündungen. Ein paar weitere Umdrehungen und der Motor blieb endgültig stehen. Kraftlos drehte sich der Propeller im Fahrtwind. Es wurde totenstill in der Kabine.
Die Maschine begann im Gleitflug nach unten zu sinken.

Jim reagierte völlig cool und gelassen. Als erfahrener Pilot wusste er genau, was in einer solchen Krisensituation zu tun ist. Ohne Motor würde er die schwer beladene Maschine nur kurze Zeit in der Luft halten können. Zurück zum Flugplatz war es zu weit. Er musste hier in der Nähe einen halbwegs vernünftigen Platz für eine Notlandung finden. Vorsichtig steuerte er die sinkende Maschine aus dem Gefahrenbereich einiger Felsen heraus. Bald lag nur noch die dichte Decke des Waldes unter ihnen. Beängstigend rasch kam sie näher.
»Kopfhörer ab!«, befahl der Pilot. Kein Lärm mehr, man hörte nur den Fahrtwind pfeifen. Kurz und präzise gab Jim seine Anweisungen:
»Kopf zwischen die Beine! Sicherheitsgurt ganz fest anziehen! Wage Notlandung auf Baumwipfeln!«
Lausespitz und Peter gehorchten sofort aufs Wort. Kreideweiß waren sie im Gesicht. Das Herz schlug ihnen bis zum Hals. Trotzdem verloren sie nicht die Fassung.

Fast schon streiften die Flügel die Baumspitzen. Da zog Jim den Steuerknüppel kräftig an sich heran. Die Maschine bäumte sich auf und schien dicht über den Bäumen still zu stehen. Dann sackte sie wie ein Fahrstuhl nach unten ab. Es krachte heftig. Ein kurzes Schütteln, Kratzen und Ästeschleifen. Darauf unvermittelte Grabesruhe.
Der Pilot schaute als Erster vorsichtig auf. Gott sei Dank, niemand schien verletzt zu sein. Sie hatten ein Riesenglück gehabt. Es war ihm gelungen, die Maschine im letzten Moment abzufangen und wie einen Hubschrauber ohne Fahrt auf die Baumkronen zu setzen. Und die hielten, dem Himmel sei Dank, das Flugzeug fest im Griff. Sie ließen es nicht nach unten durchfallen.
Langsam kehrte auch in Lausespitz, Peter und Otto Stahlberg das Leben zurück. Im ersten Augenblick konnten sie sich gar nicht vorstellen, was geschehen war. Jim aber hatte sich schon wieder so weit gefasst, dass er lächelte und Witze machte:
»Happy landing, meine Herren. Wir sind glücklich gelandet. Etwas hart zwar, aber verletzt hat sich wohl niemand. Vorsicht bitte beim Aussteigen!«

Sein Humor steckte die Drei an und löste die Spannung. Sie begannen sich zu bewegen, und bald redeten alle aufgeregt durcheinander. Natürlich blieben sie auf ihren Plätzen sitzen. Keiner wagte, die Tür zu öffnen und auszusteigen. Zu leicht hätten sie durch das Gewirr der Äste auf den Waldboden stürzen können.
Als Erstes prüfte Jim jetzt das Funkgerät. Wahrhaftig, es funktionierte noch. Sofort nahm er Kontakt mit dem Flugplatz auf, meldete die geglückte Notlandung und gab ihre ungefähre Position durch.
Dort hatte man natürlich vom Geschehen noch nichts bemerkt. Heilfroh waren die Kollegen, dass nichts Ernsthaftes passiert war. Ihr Versprechen, sie so schnell wie möglich aus den Baumkronen zu befreien, klang sehr beruhigend für die vier Gefangenen in der engen Maschine.

Nun blieb ihnen nichts weiter übrig, als sich in Geduld zu fassen.
Otto Stahlberg war völlig hingerissen vom Können ihres Piloten.
»Jim, was Sie da eben vollbracht haben, das war eine absolute Spitzenleistung!«
Begeistert klatschte er in die Hände. Natürlich fielen die Buben sofort kräftig mit ein. Peter rief:
»Jim ist ein Spitze-, Klasse-, Super-Mann!« Angeregt ergänzte Lausespitz:
»...der verrückt, doch sicher landen kann.«
Nun kamen die beiden so richtig in Fahrt, und Peter dichtete weiter:
»Er setzt den Flieger ab im Baum«, worauf Lausespitz den Reim abschloss:
»Du meinst, du hast den schönsten Traum.«
Jetzt fing auch Otto Stahlberg Feuer und setzte noch einen Vers drauf:

»Er ist der beste Buschpilot
und meistert jede Flugzeugnot.«
Die Stimmung stieg. »Bravo, bravo« riefen sie und beglückwünschten immer wieder ihren geschickten Bruchpiloten. Jim gefiel es, so begeistert gefeiert zu werden. Er lachte über das ganze Gesicht.
Vor allem aber war er froh und dankbar, dass es ihm geglückt war, seine Leute wohlbehalten auf dem ungewohnten Landeplatz abzusetzen.
»Well, thank you, thank you very much! Ohne Motor zu fliegen, nein danke, das möchte ich wirklich nicht noch einmal. Es war verdammt gefährlich, diese Landung hier oben. Jetzt müssen wir warten. Ich hoffe, es wird nicht zu lange dauern bis sie uns hier auffischen.«

Lausespitz und Peter hatten den Schreck über das soeben Erlebte rasch überwunden und interessierten sich dafür, wie man sie wohl retten würde. Als Fachmann konnte sich Jim das natürlich genau vorstellen. Er wollte aber die Wartezeit humorvoll würzen und schob deshalb seine Antwort mit einem verschmitzten Lächeln auf die lange Bank:
»Das erkläre ich euch gleich. Zu eurer Beruhigung nur so viel, es wird völlig gefahrlos ablaufen. Zuerst möchte ich aber gern von euch ein paar deutsche Schulwitze hören.«

2. Hilfe aus der Luft

Die Vier auf dem Blätterdach mussten schon eine ganze Weile warten und hatten es sich inzwischen einigermaßen bequem gemacht in der engen Kabine. Jim bat, unnötige Gewichtsverlagerungen zu vermeiden und sich möglichst ruhig zu verhalten.
Im Sprechfunkverkehr erfuhr er von seinem Chef, dass ein größerer Flughafen in der Nähe wegen eines Rettungshubschraubers angesprochen wurde. Der sei inzwischen schon unterwegs.

Da druckste Peter plötzlich so komisch herum und hielt sich den Bauch. Als es gar nicht mehr ging, sagte er zu Jim, er müsse dringend auf die Toilette und wüsste nicht wo und wie.
»No problem, Peter«, meinte der und stand vorsichtig auf. »Ich öffne dir die Tür und du pinkelst einfach nach draußen. OK?«
»OK«, sagte Peter und erhob sich sofort.
Lausespitz schaute interessiert zu, wie Peter im weiten Bogen auf einen umgeknickten Ast zielte.
»Besser?«, fragte Lausespitz den Freund, als er sich auf seinen Platz zurücksetzte.
»Viel besser«, war seine erleichterte Antwort.
Dann begann Lausespitz so komisch auf seinem Platz herumzurutschen. Jim sah es und fragte sofort:
»Du auch?« Und die gleich Prozedur wiederholte sich.
Nur, dass diesmal Peter belustigt fragte:
»Besser?«
»Klar, du kennst das doch schon«, gab Lausespitz zurück.

Die beiden Jungen wollten nun endlich von Jim erfahren, wie ihre Rettung ablaufen würde. »OK, ihr jungen Flugschüler. Nun hört mir mal genau zu!«, begann er zu erklären.

»Ihr versteht doch sicher, warum wir einen Hubschrauber brauchen, oder nicht?«
Peter und Lausespitz nickten zustimmend wie alte Hasen.
»Ein Flugzeug bewegt sich doch viel zu schnell.«
»Sehr gut, Lausespitz«, erwiderte Jim anerkennend und fuhr fort:
»Der Helikopter wird direkt über uns in der Luft stehen bleiben. Gott sei Dank ist es ziemlich windstill, sodass der Pilot mit diesem Manöver kaum Probleme haben wird. Dann lässt sein Bordtechniker ein Seil herunter, mit dem er uns hochzieht, einen nach dem andern.«
»Der Mann muss aber sehr kräftig sein, wenn er meinen Vater heraufziehen will«, meinte Peter mit besorgtem Blick auf Otto Stahlberg.
»Keine Bange. Er braucht kaum Kraft, denn alles geht elektrisch.«
»Kriegen wir Kreide für unsere Hände, so wie beim Sport, bevor wir uns am Seil festhalten?«, wollte Lausespitz jetzt wissen.
»Oh, no, no!«, schüttelte Jim verneinend den Kopf. »Das wäre viel zu gefährlich. Ihr könntet ja abstürzen. Ihr werdet mit dem Oberkörper an der Rettungsschlinge festgezurrt. Das ist ein Sicherheitsgurt am Ende des Seils. Den müsst ihr euch ähnlich vorstellen wie bei einem Fallschirmspringer.«
Erleichtert meinte daraufhin Lausespitz:
»Aha, dann ist ja alles gut.«
Otto Stahlberg interessierte sich dafür, ob diese Art der Rettungstechnik Teil des Ausbildungsprogramms eines Piloten sei, wie der Erste-Hilfe-Kurs vor der Führerscheinprüfung. Jim antwortete:
»Eine ganz allgemein gehaltene Ausbildung für Notsituationen gehört schon dazu. Das spezielle Training in dieser Richtung erhielt ich aber erst, als ich zum Luftretter ausgebildet wurde.«

Voll Hochachtung schauten Otto und die beiden Jungen auf Jim, und Lausespitz murmelte halblaut vor sich hin: »Mensch, der Mann ist wirklich allererste Sahne!«

Endlich hörten sie in der Ferne das Brummen des sich nähernden Hubschraubers. Nach wenigen Minuten schon stand er in etwa zehn Metern Höhe direkt über ihnen.
Jim und der Kollege in der Luft sprachen sich kurz über Funk ab. Dann konnte die Rettung beginnen.
Der Bordtechniker öffnete die Seitentür des Helikopter und schob den auf einer Schiene befestigten Arm des Seilzugs heraus. Daran baumelte der knall-rote Rettungsgurt. Langsam wurde er herabgelassen. Jim stand in der Tür seiner Maschine und gab Handzeichen nach oben. Nun bat er als ersten Lausespitz, vorzukommen. So ganz wohl war dem Jungen nicht dabei. Jim klopfte ihm auf die Schulter und beruhigte ihn:
»Nimm's locker. Es kann dir nichts passieren.«
Er holte den Gurt, der inzwischen draußen vor ihnen auf gleicher Höhe baumelte, zu sich heran und hakte Lausespitz sorgfältig daran fest. Er versuchte, dem Jungen Mut zu machen:
»Einmal haben wir sogar ein verletztes Kalb nach oben gehievt. Das hat es auch geschafft.« Jetzt gab Jim dem Mann oben an der Winde ein Zeichen. Langsam spannte sich das Seil.

Lausespitz wurde hochgehoben. Er spürte keinen Boden mehr unter den Füßen. Rasch näherte er sich dem Hubschrauber. Kaum hatte er fünfmal Luft geholt, da befand er sich schon neben der Tür. Mit langem Arm zog ihn der Bordtechniker zu sich herein. Lausespitz war in Sicherheit. Der Gurt ließ sich rasch ausklinken.
»Welcome on board!« begrüßte ihn freundlich die Besatzung.

Er setzte sich auf einen freien Platz und schaute sich neugierig in seiner neuen Flugmaschine um. Der Pilot lächelte ihm aufmunternd zu, und schon erschien Peter in der Tür. Ruck-zuck saß auch der neben ihm, und wieder ging es abwärts mit dem Rettungsseil. Geschickt hielt der Pilot währenddessen den Helikopter fast unbeweglich in der Luft.

Es dauerte nicht lange, bis sich Otto Stahlberg und zum Schluss auch Jim ein Stockwerk höher in Sicherheit befanden. Der Seilzug wurde nach innen geklappt, die Tür geschlossen, und zurück ging es zum Flugplatz.

Als der Hubschrauber dort landete, dämmerte es bereits.
Die Geretteten stiegen aus.
In der Halle des kleinen Empfangsgebäudes stürmte Tante Betty auf sie zu und rief:
»Was bin ich froh, dass wenigstens ihr wieder da seid! Ihr habt ein verdammtes Schwein gehabt und einen erstklassigen Piloten dazu.«
Sie umarmte jeden Einzelnen und den ihr unbekannten Jim sogar zweimal.
Die Buben redeten vor lauter Eifer gleichzeitig. Jeder wollte den anderen beim Erzählen übertrumpfen.
Betty verstand kein Wort.
»Sie sehen selbst, Betty, wie prima es den beiden geht«, sagte erleichtert Otto Stahlberg. »Ab heute wollen sie wahrscheinlich Buschpilot oder Bruchpilot oder aber Luftrettungsmeister werden.«
Jim wünschte gute Nacht und verabschiedete sich herzlich mit einem »so long bis morgen«.
Tante Betty hatte ihre Arme um die Schultern der Jungen gelegt. Wenigstens die zwei Großen hatte sie wieder. Gemeinsam fuhren sie zurück zum Campingplatz.

Was für ein Tag lag hinter ihnen. Die Ereignisse hatten sich überschlagen.
Das Schlimmste aber war: Immer noch kein Lebenszeichen von Mäxchen.
Sie wussten, vor Anbruch des neuen Tages konnte nicht weiter gesucht werden.

VI.
Mäxchens wundersame Rettung

1. Und wieder tagt das Rettungsteam

Jim Mc Allister betrat eilig das flache Gebäude am Rande des kleinen Flugplatzes. Nach der gelungenen Rettung am Nachmittag des Vortages hatte er die aufregende Geschichte bei einem Bier seiner Frau Alice erzählt und daraufhin bestens geschlafen.
Jetzt am frühen Morgen fühlte er sich frisch und wie neugeboren. Es drängte ihn, den jüngsten Stand der »Operation Max« zu erfahren.

Der Einsatzstab tagte im Büro seines Chefs, dem Leiter des Flugplatzes am Grand Canyon. Nach kurzem Klopfen trat er durch die Tür mit dem Schild »Captain Fred Hardy«. Vor der großen Geländekarte an der Wand diskutierten aufgeregt zwei Männer und eine Frau.
Laut grüßte er:
»Hello, good morning! What's new?«
Erstaunt drehten sie sich zu ihm um. Nach kurzem Schulterklopfen und anerkennenden Worten für den besten Buschpiloten im Umkreis von dreihundert Meilen antwortete Captain Hardy mit seiner tiefen Bassstimme:
»Well, Jim, Operation Max läuft jetzt wieder an. Unsere drei Pipers suchen das Gelände von oben ab. Vom Flughafen Phoenix habe ich eine Spezialeinheit mit einer Hebeeinrichtung angefordert, die sich um deine Maschine auf dem Blätterdach kümmern wird.«
Chief-Ranger Tom Watch ergänzte, dass zwei Ranger mit dem Hubschrauber unterwegs zu den Havasupai Indianern seien. Dieser Stamm lebt seit Jahrhunderten unten im Canyon und kennt sich bestens in den verwirrenden Schluchten des steinernen Naturwunders aus. Die India-

ner möchten möglichst wenig mit Weißen zu tun haben und halten sich deshalb lieber fern von Touristen. Nur mit vorheriger Anmeldung erlauben sie Fremden, sie zu besuchen. Diese dürfen dann sehen, wie sie leben und wohnen und wie sie ihre Feste feiern. Eine vorherige Anmeldung ist den meisten Touristen zu umständlich. Außerdem ist der Weg hinab zu den Rothäuten beschwerlich, sodass nur wenige Besucher bei ihnen auftauchen. Das ist den Havasupai gerade recht so.
Heute Morgen war die Lage jedoch ganz anders. Der Häuptling hatte sofort am Telefon sein OK für die Landung des Suchhubschraubers gegeben und ortskundige Führer zugesichert. Selbstverständlich würden seine besten Fährtenleser mithelfen, zusammen mit den beiden Rangern das Gelände nach Mäxchen und dem Kondor abzusuchen.

Kaum hatte Tom Watch seinen Bericht beendet, da ergriff Dr. Debbie Bird, die Vogelkundlerin, das Wort:
»Jim, Sie hat der »Große Manitu« geschickt! Ich bemühe mich verzweifelt, diese beiden Herren zu überzeugen, dass wir unbedingt auch am Powell-See suchen sollten. Der Captain meint aber, ein Flug durch die engen Felsschluchten würde nur etwas bringen, wenn wir einen Hubschrauber mit erfahrenem Piloten einsetzen könnten. Jim, Sie sind der Beste weit und breit. Das haben Sie gestern erst wieder bewiesen. Das Problem wäre also gelöst.
Aber darüber hinaus hat unser Chief noch Bedenken ganz anderer Art: Der See sei zu weit entfernt. Er meint nämlich, dass ein Kondor so eine Strecke mit der Last des Kindes als Beute, nicht schaffen könnte.«
Debbie Bird richtete ihr ganzes Bestreben darauf aus, Jim in diesem Meinungsstreit auf ihre Seite zu ziehen. Deshalb setzte sie noch ein wichtiges Argument drauf:
»Jim, es ist Ihnen doch sicher bekannt, dass die Gegend um den Powell-See bei der Vogelwelt äußerst beliebt ist.

Sie wissen auch, dass sich dort viele Vogelarten tummeln?«
Nun klickte es in Jims Hirn. Er nahm den Faden der netten Wissenschaftlerin geschickt auf:
»Tja Birdy, Sie haben sicher recht. Leider weiß ich über Vögel wenig Bescheid. Ich kann gerade mal einen Papageien von einem Adler, unserem amerikanischen Wappentier, unterscheiden. Dafür kenne ich mich aber sehr genau in Metallvögeln aus und weiß, wie man sie fliegen muss. So wie ich die Lage einschätze, sind im Moment weniger meine ornithologischen Kenntnisse gefragt, sondern eher meine fliegerischen Fähigkeiten.«
»Stimmt, Jim«, ließ Fred Hardy seinen tiefen Bass hören. »Wie geschickt Sie fliegen können, haben Sie gestern mal wieder unter Beweis gestellt. Alle Hochachtung! Ihre glückliche Landung auf dem Blätterdach macht Ihnen so schnell keiner nach. Und alles ohne Verletzte. Eigentlich müssten Sie den Verdienstorden kriegen!«
Tom Watch und Debbie Bird fielen in das Lob mit ein. Jim wurde richtig verlegen und meinte, er hätte in einer gefährlichen Situation instinktiv nur das Richtige getan:
»So außergewöhnlich war das nun auch wieder nicht. Mit etwas Geschick und Glück kann das jeder geübte Pilot. Wir sollten uns besser das Gebiet des Powell-Sees anschauen, damit mir Birdy die Lieblingsplätze der großen Vögel zeigen kann.«

Zu viert standen sie vor der Wandkarte und besprachen die Einzelheiten von Jims neuem Einsatz. Debbie Birds Zeigestock wanderte über die weite Fläche des Sees und wies auf interessante Gebiete in den Seitencanyons hin. Rasch war die Flugroute festgelegt. Ganz klar, ein Hubschrauber eignete sich in diesen engen, von steilen Felswänden begrenzten Schluchten für die Suche am besten. Falls nötig, konnte Jim ganz langsam und sehr niedrig fliegen oder sogar in der Luft stehen bleiben. Hubschrauber sind

sehr wendig, können auf engstem Raum drehen und benötigen zum Landen nur einen kleinen, ebenen Platz. Captain Hardy machte auf einige gut geeignete Stellen zum Aufsetzen besonders aufmerksam.
»Wer fliegt mit ihm? Ich habe niemanden frei. Alle sind unterwegs, entweder auf der Suche nach dem Entführten oder sie machen Flüge mit Touristen.«
Chief Tom Watch machte die gleiche Aussage für seine Ranger, die alle unabkömmlich waren. Gemeinsam dachten sie nach, wie sich eine zweite Person finden ließe, die Jim begleiten könne. Allein zu fliegen war nicht ratsam. Nun hatte Tom Watch die zündende Idee:
»Ich hab's! Mrs. Brown ist genau die richtige Begleitperson für uns. Sie kennt den Jungen, spricht seine Muttersprache und könnte als Krankenschwester sogar erste Hilfe leisten. Wenn Sie einverstanden sind, rufe ich sofort bei ihr an. Hoffentlich sagt sie zu.«
Alle fanden den Vorschlag gut, und schon hatte Tom Watch den Telefonhörer in der Hand.

Selbstverständlich sagte Betty Brown zu. Sie war froh, etwas tun zu dürfen. Das lange Herumsitzen und das tatenlose Abwarten machte sie fast verrückt.
Schnell besprach sie mit Otto, Lausespitz und Peter die neue Lage. Sie sollten entweder im Besucherzentrum bleiben oder aber mitkommen zum Flugplatz und dort auf ihre Rückkehr warten. Es war natürlich keine Frage, die beiden Jungen wollten unbedingt mit zum Flugplatz. Auch Onkel Otto fand das interessanter, als in dem kleinen Zimmer herumzuhocken.
Gerade hatte sich Tante Betty draußen im Camper eine Thermoskanne Kaffee gerichtet und ihren Erste-Hilfe-Koffer geholt, da hielt schon das Auto, welches sie zum Flugplatz bringen sollte.

2. Suchaktion mit Hubschrauber

Langsam und mit äußerst wachen Augen steuerte Jim Mc Allister den Hubschrauber zwischen den steil aufragenden Felswänden einer fjordähnlichen Bucht des Powell-Sees hindurch. Den Hauptteil des Sees mit den kolossartigen Bergen, die monumental und gigantisch aus dem Wasser ragten, hatte die Maschine hinter sich gelassen.
Tante Betty saß neben dem Piloten und suchte mit einem großen Feldstecher systematisch jeden Felsvorsprung und jede Klippe, jeden Hang und jede Mulde von oben bis unten und von unten bis oben ab.
»Nichts zu sehen, absolut gar nichts«, sagte sie enttäuscht und legte kurz das Fernglas nieder. »Ich bin mir gar nicht sicher, ob es uns wirklich etwas bringt, diese Gegend so genau abzusuchen.«
»Ob wir erfolgreich sind, wissen wir erst später«, erwiderte Jim. »Aber hier in den abgelegenen, schmalen Seitenschluchten des Sees leben viele Vogelarten. Deshalb hält es unsere Vogelkundlerin für besonders wichtig, auch dieses Gebiet abzusuchen. Die Tiere finden in dieser unzugänglichen und menschenleeren Felslandschaft ideale Plätze nicht nur auf den wenigen Bäumen, sondern vor allem in den unzähligen, engen Felsspalten, welche die Erosion durch Wasser, Wind und Klima seit Jahrtausenden geschaffen hat. Wildtauben, Reiher, Falken und sogar Adler halten sich hier auf. Warum soll sich nicht auch ein Kondor wohl fühlen? Ich rate Ihnen, Betty, schauen Sie nur weiter durch ihren Feldstecher! Vielleicht haben wir ja Glück.«
Während Betty das Fernglas wieder zur Hand nahm und die Suche fortsetzte, fuhr Jim in seinem Vogelvortrag weiter:
»Sie sollten mal im Frühjahr oder im Herbst am See sein. Da wimmelt es an den Ufern nur so von Zugvögeln. Sie

lassen sich hier für eine Weile nieder, um auszuruhen und sich für die weite Reise nach Mexico oder Kanada zu stärken.«

Betty schaute zu Jim herüber und folgerte:
»Gewiss ist die Ornithologie ihr Hobby. Sie wissen erstaunlich gut über die Vogelwelt des Powell-Sees Bescheid.«
Jetzt musste Jim lachen: »Oh, Betty, wenn Sie wüssten! Ich kann gerade mal einen Ara, das ist der bunte Papagei mit den kräftigen blau-gelben oder grün-roten Federfarben von einem Adler unterscheiden. Das aber auch nur, weil meine Schwester in Florida solch einen bunten Vogel besitzt, und weil der Adler unser amerikanisches Wappentier ist.«
»Da wissen Sie aber schon sehr viel über Vögel, Jim«, witzelte Betty. »Dann ist Ihnen sicher auch bekannt, dass es mehrere Arten von Adlern gibt und das Wappentier der USA ein so genannter Weißkopfadler ist.«
»Das lernt doch jedes Kind bereits in der Schule, Betty. Das ist der mit dem weißen Kopf und Hals und mit den braungrauen Federn.«
»Richtig. Ihr Amerikaner habt ja eine besondere Vorliebe für diesen schönen Raubvogel. Man sieht ihn überall, an Türklopfern und an Hängelampen, auf T-Shirts und am Schlüsselbund, als Schmuckanhänger und als Glasuntersetzer. Er ziert den Knauf eines Spazierstocks und verschiedene Münzen wie das viel verwendete 25-Cent – oder das halbe und das ganze Dollar Stück.«
»Bravo, Betty, Sie kennen unsere Münzen ganz genau.«

Jim Mc Allister ließ den Helikopter Kurven und Schleifen fliegen. Die besonders interessanten Stellen überflog er sehr niedrig, nur wenige Meter über dem Felsboden. Dabei guckte er besorgt zu Betty hinüber, aber die zeigte weder Angst noch Übelkeit.

Obwohl sie mit ihrem Fernglas unablässig die Felswände absuchte und auch Jim seine Augen ständig schweifen ließ, konnten die beiden nichts Auffälliges entdecken.
»Irgendwo muss doch der Kondor mit dem Jungen stecken. Er kann nicht spurlos vom Erdboden verschwunden sein«, machte Jim sich Mut und umkreiste dabei vorsichtig eine mächtige Felsplatte. Aber auch hier sahen sie nichts, was ihr Interesse weckte.

»Ich fliege jetzt zu einem versteckten Seitencanyon, das man mit einiger Mühe sogar zu Fuß erreichen kann, wenn man viel Zeit hat. Vor Jahren bin ich da mal über beschwerliche Saumpfade mit zwei Freunden hineingeritten. Es war ein tolles Erlebnis. Das Gebiet gehört zum Reservat der Navajo-Indianer. Wir mussten uns deshalb vorher eine Besuchserlaubnis besorgen.«
Jim kam richtig in Stimmung, als er davon erzählte. Bettys Gedanken schweiften dabei zurück zu dem Spazierritt kürzlich durch den Kakteenwald. Wehmütig dachte sie an Mäxchen und beobachtete die Gegend unter sich auf den Meter genau. Wäre der Anlass für diesen Flug nicht so tragisch gewesen, könnte sie das unter ihr liegende Naturwunder, den gewaltigen von Menschenhand geschaffenen Stausee ungestört bewundern. Aber beunruhigt durch Mäxchens Schicksal, hatte sie kein Auge für die gewaltige Schönheit der rot-braunen Felsformationenen, die aus dem smaragd-grünen Wasser in den azur-blauen Himmel ragten.

Jim erzählte, dass es weiter oben im Canyon einen großen Felsbogen gibt, der wie eine Naturbrücke aussieht. Es ist der höchste Natursteinbogen der Welt. Unter ihm fließt ein kleiner Nebenarm des Colorado-Flusses durch.
Die Navajos nennen diese Brücke »Nonnezoschie«, was so viel bedeutet wie »der zu Stein gewordene Regenbogen«.

Jim kam richtig ins Schwärmen, und seine Augen begannen zu leuchten, als er die Regenbogenbrücke in ihrer lachsfarbenen Schönheit schilderte.
Seit vielen Generationen erzählen sich die Indianer eine Geschichte über die Entstehung dieses einmaligen Felsbogens. Es ist natürlich eine Legende.
Schon die Großeltern haben sie von ihren Eltern oder Großeltern übernommen, und so wird sie weitergegeben an die Kinder und Kindeskinder.

Möchtest du die Geschichte hören? Gut, dann blättere weiter!

3. Der steinerne Regenbogen

Vor vielen, vielen Jahren und lange bevor der weiße Mann den amerikanischen Kontinent betrat, brachte der jetzt so schmale Nebenarm des Colorados wesentlich mehr Wasser in das abgelegene Canyon als heute. Damals war die Erde viel fruchtbarer. Es regnete häufig und überall spross üppiges Grün. Wo Bäume, Büsche und Wiesen gedeihen, finden große und kleine Tiere einen reich gedeckten Tisch. Kein Wunder also, dass es viele Biber, Kaninchen und Füchse, sowie Ziegen, Schafe und sogar Hirsche gab.

Eines Tages kam ein junger Gott zum Jagen in dieses abgelegene Canyon. Seine Sippe brauchte dringend Nachschub an Fleisch, die Vorräte waren fast aufgezehrt. Der junge Gott war sehr mutig und geschickt, und so ließ man ihn allein auf die Jagd ziehen.
Der junge Jäger kannte genau das oberste Jagdgesetz des Himmels.
Es besagte, du darfst nur so viel Beute machen, wie du und deine Sippe bis zum nächsten Vollmond benötigen. Auch darf der Jäger dem Wild keine Fallen stellen, die lange Schmerzen verursachen und es unnötig quälen. Er muss dem Tier in einem offenen und ehrlichen Kampf entgegentreten.
Trotz seiner jungen Jahre hatte der Gott schon viel Erfahrung im Umgang mit wilden Tieren gesammelt. Er konnte ihre Fährten lesen, er wusste, wo sie sich am liebsten aufhielten, er kannte ihre Gewohnheiten und verstand sogar die Laute, mit denen sie sich verständigten. Täuschend echt konnte er ihre Lock- und Warnrufe nachahmen und sich auf diese Weise sogar mit den Tieren unterhalten.
Als der junge Gott nach einem beschwerlichen Anmarsch in das dicht bewachsene Canyon gelangte, rastete er auf

einer Wiese am Waldesrand. Mit seinen Händen formte er einen Schalltrichter und stieß täuschend ähnlich die Grunzlaute einer Hirschkuh aus. Er hoffte damit, einen Wapiti Hirschen anzulocken. Das ist der große, kräftige Hirsch Nordamerikas, der neben dem Elch zur größten Hirschart der Erde zählt.

Tatsächlich, dieser schien geradezu im Dickicht gewartet zu haben. Zutraulich und ganz zahm lief er auf den jungen Gott zu und ließ sich dicht neben ihm auf der Wiese nieder. Mit um Verzeihung bittenden Augen schaute der Jäger sein Opfer an. Ruhig erklärte er, dass er ihn zum Wohle seiner Familie leider töten müsse. Er würde das aber kurz und schmerzlos tun und ihn nicht leiden lassen.
Der Wapiti schien jedes Wort zu verstehen. Ergeben in sein Schicksal legte er den Kopf mit dem prächtigen Geweih ins Gras.
Nun stand der junge Gott auf, reckte seine muskulöse Gestalt, nahm einen dicken Holzknüppel und führte damit nur einen einzigen, kräftigen Schlag auf den Nacken des Tieres. Wie vom Blitz getroffen, sackte der Hirsch in sich zusammen, ohne einen Laut von sich zu geben. Ein gezielter Hieb hatte ausgereicht, ihn zu töten.
Nun machte sich der junge Gott an die Arbeit, weidete das Tier fachgerecht aus und bereitete es vor für den beschwerlichen Heimtransport.

Von oben herab betrachtete der mächtige Himmelsvater den jungen Jäger mit Wohlgefallen. Er hatte ganz in seinem Sinne gehandelt und das Tier nach den göttlichen Regeln erlegt. Wie geschickt hatte es der junge Gott verstanden, mit dem kräftigen Wapiti umzugehen und wie rasch und schmerzlos hatte er ihn getötet.
Da öffneten sich plötzlich und unerwartet die Schleusen des Himmels. Begleitet von zuckenden Blitzen und rollenden Donnerschlägen ergoss sich ein gewaltiger Regen

sintflutartig in das enge Tal. Im Nu verwandelte sich die Wiese in einen See.
Eilig band der junge Gott die Läufe des Wapiti paarweise zusammen und lud sich das schwere Rotwild auf seinen Rücken. Das Wassser stieg unaufhörlich. Es wurde höchste Zeit, den Heimweg anzutreten.
Als er zum Fluss kam, war dieser längst über seine Ufer getreten und zu einem breiten Strom angeschwollen. Vergeblich hielt er Ausschau nach dem Holzsteg, auf dem er zuvor den Wasserlauf überquert hatte. Die Fluten hatten ihn hinweggerissen. Wie kam er nur ans andere Ufer?
Der vorher sanft dahinfließende Fluss hatte sich rasend schnell in ein strudelndes Ungeheuer verwandelt. Unmöglich konnte ihn der junge Gott mit seiner schweren Rückenlast bezwingen. Wie nur sollte er die sehnsüchtig erwartete Nahrung wohlbehalten zu seiner Sippe bringen?

Der mächtige Himmelsvater sah, in welch großer Gefahr der junge Gott war und wie sehr er sich bemühte, die wertvolle Nahrung zu retten. Immer wieder versuchte er, das reißende Wasser zu überqueren, aber jedes Mal musste er aufgeben. Gegen die geballten Kräfte der Natur war er machtlos.
Da hatte der Himmelsvater endlich ein Einsehen.
Er schickte ein Bündel Sonnenstrahlen durch die Regenwolken mitten in das Canyon hinein und ließ sie über dem reißenden Fluss einen farbenprächtigen Regenbogen formen. Überwältigt von der Schönheit des Farbenspiels vergaß der junge Gott seine sorgenvolle Lage. Mutig und voll Hoffnung blickte er über das reißende Wasser.
Im selben Augenblick geschah das Wunder:
Vor seinen Augen verwandelte sich der Regenbogen zu einer steinernen Brücke!
Über diese Brücke schritt er nun trockenen Fußes mit seiner schweren Last. Am anderen Ufer kletterte er einen steilen Pfad hoch, und bevor er in das Nachbartal abstieg,

drehte er sich noch einmal um. Er sah, dass der zu Stein gewordene Regenbogen immer noch den Fluss überspannte.
Voll Inbrunst sprach er ein Dankgebet für seine wunderbare Rettung und eilte mit seiner Beute glücklich nach Hause.

Noch heute kannst du die gut neunzig Meter hohe Regenbogenbrücke bewundern.
Die Navajos sagen, der Platz, an dem das Naturwunder steht, ist ein heiliger Ort.
Übernatürliche Kräfte sollen von ihm ausgehen.
Wenn du Sorgen hast, pilgere zu dem steinernen Regenbogen; verweile ehrfürchtig unter ihm; streife ab jede Hektik und lasse die Stille des Tales auf dich wirken; sprich ein stilles Gebet.
Dann wirst du spüren, wie deine Sorgen ihre Schwere verlieren und sich verflüchtigen. Gestärkt und getröstet wirst du von diesem heiligen Ort weiterziehen.

Nur selten kommen Indianer hierher. Touristen sind häufiger zu finden. Seitdem der Colorado-Fluss zum Powell-See aufgestaut wurde, fahren Boote zur Regenbogenbrücke. Ein Pfad führt von der Anlegestelle direkt dorthin. Es ist nicht weit, nur etwa fünfhundert Meter. Der Fußweg ins Canyon ist beschwerlich und braucht viel Zeit. Lange bleiben die Touristen nie. Die meisten kommen im Sommer, obwohl es dann in der baumlosen Felslandschaft unangenehm heiß ist. Sie schießen ein paar Fotos und eilen zurück auf ihre Boote.
Zum Verweilen unter der Brücke fehlt ihnen die Zeit.
Die wenigsten Touristen kennen die Navajo Legende über die Entstehung der Brücke.
Das ist gut, denn so ahnen sie gar nicht, was sie an diesem heiligen Ort versäumt haben.

4. Hurra, Mäxchen ist wieder da!

Betty hörte sich aufmerksam Jims Geschichte über die Entstehung der Regenbogenbrücke an und schaute dabei ununterbrochen mit und ohne Fernglas nach unten. Zwar erzählte Jim die indianische Legende nicht so ausführlich wie du sie im vorangegangenen Kapitel gelesen hast; trotzdem war Betty sehr neugierig auf die Brücke geworden.

Wie gerne würde sie den Rat der Navajo Indianer befolgen und mit etwas Zeit unter dem Bogendach verweilen, um ihre Sorgen los zu werden! Die lasteten zentnerschwer auf ihr. Was würde sie nicht alles tun, um ihren kleinen Neffen endlich wieder in die Arme zu schließen!
Jim meinte, nun müsse die Brücke jeden Augenblick in Sicht kommen.
Vor ihnen tauchte der hölzerne Landungssteg auf, an dem die Touristenboote um die Mittagszeit festmachen würden.
Jim flog das karge Tal zwischen rötlich-gelben Felsen hoch. Bald lagen die Bergspitzen zum Greifen nahe unter ihnen. Betty konnte von dieser Höhe aus sogar in das nächste Canyon sehen.

Jetzt rief Jim: »Da ist sie, die Regenbogen-Brücke. Wie wunderschön steht sie dort! Gleich sehen Sie sie auch, Betty! Nur einen Moment noch. Ich muss erst nach links abdrehen. Das Tal ist eng und die Felsen stehen nahe. Da bleibt mir wenig Raum für Flugmanöver.«

Jim wurde auf einmal ganz still. Immer wieder schaute er aufmerksam nach unten. Betty wunderte sich darüber und reckte neugierig ihren Hals. Was faszinierte Jim so sehr auf seiner Seite? Sie versuchte herüberzuschauen, um einen Blick zu erhaschen. Das ging aber nicht, weil sie angeschnallt war. Sie konnte nur Berge und vor allem viel blauen Himmel sehen. Der Blick nach unten blieb ihr versperrt.

Plötzlich wurde Jim ganz aufgeregt:

»Ich werde verrückt, da unten steht jemand am linken Brückenpfeiler. – Mein Gott, das ist ja eine Indianerin. – Sie winkt uns zu. – Sie gibt uns Zeichen mit den Armen. – Tatsächlich, sie will, dass wir bei ihr landen. – Einige große Federn stecken in ihrem Haar! – Zwei lange, schwarze Zöpfe hat sie. – Bis auf die Federn sieht sie ganz normal aus. Sie trägt Jeans und ein helles T-Shirt.«

Betty schaute Jim besorgt an. Sie konnte überhaupt nichts auf seiner Seite sehen und an ihrem Fenster erblickte sie direkt neben sich nur wieder glatt geschliffene Felswände, wie schon so oft vorher. Unter sich sah sie den ausgetrockneten Talboden mit großen und kleinen Steinbrocken und wenigen mickrigen Büschen. Nichts von Regenbogen-Brücke, geschweige denn von Indianerin mit Federn im Haar, die ihnen auch noch zuwinkte.

Betty meinte energisch:

»Jim, wir brauchen eine Pause. Sie scheinen übermüdet zu sein. Wegen Ihres gestrigen Fluges mit der gekonnten Landung auf dem Blätterdach und der anschließenden Rettung aus der Luft hätten Sie heute eigentlich einen freien Tag verdient. Aber statt dessen kurven Sie in dem

heiklen Gelände der Canyons des Powell- Sees herum. Wir sollten jetzt wirklich kurz landen. Sie trinken ein paar Schlucke von meinem Kaffee, und dann suchen wir weiter.«
»Ich schaue bereits nach einem geeigneten Landeplatz, Betty. Noch etwas Geduld, in wenigen Minuten werden Sie festen Boden betreten.«
Jim hielt Ausschau und Betty hatte das Gefühl, mit dem Hubschrauber in der Luft stehen zu bleiben. Der Erdboden kam langsam näher, der Hubschrauber drehte sich noch einmal, und dann setzte er auf. Nun endlich konnte auch Betty die Regenbogenbrücke sehen.
Sie war überwältigt von dem Anblick. Für sie sah das steinerne Wunder weniger wie eine Brücke, sondern eher wie ein riesiges Tor aus. Aber niemand stand dort, weder auf der linken, noch auf der rechten Seite.
Betty nahm ihre Tasche mit dem Kaffee. Beim Herausklettern aus dem Hubschrauber konnte sie es sich nicht verkneifen zu bemerken:
»Jim, jetzt bin ich aber sehr gespannt auf Ihre Indianerin.«
Während beide auf die Brücke zugingen, ergänzte sie lachend:
»Sicher wird gleich Ihre Traum-Frau mit den langen Zöpfen und den Federn im Haar auf uns zutreten.«
Kaum hatte Betty ausgesprochen, da trat nicht die Indianerin aus dem Torbogen, sondern ein kleiner, dunkelhaariger Junge, der jubelnd auf sie zurannte.
»Tante Betty, Tante Betty! Woher weißt du, dass ich hier bin?«
Betty und Jim verschlug es die Sprache. Wie versteinert blieben sie stehen und starrten auf das Kind.
»Das darf nicht wahr sein! Das gibt es nicht! Da kommt Maximilian putzmunter angerannt.«
Dann breitete sie ihre Arme weit aus und fing den heranstürmenden Jungen freudestrahlend auf. Ganz fest hielt

sie ihn an sich gedrückt. Sie lachte und weinte in einem. Jim begriff sofort. Auch er konnte es nicht fassen: Sie hatten Mäxchen gefunden!

Der Pilot strahlte über sein ganzes Gesicht und sagte mit einem Stoßseufzer der Erleichterung zu dem kleinen Mann:
»Max, I am so happy to see you. I fly you home!«
Mäxchen schien gar keine Eile zu haben. Er war keineswegs erstaunt, seine Tante so plötzlich in dem abgelegenen Tal des steinernen Regenbogens zu treffen und den Piloten und den Hubschrauber zu sehen. Er wollte nur über seine jüngsten Erlebnisse erzählen. Betty fiel auf, dass ihr Neffe weder hungrig noch durstig, weder müde noch verängstigt war.
Sie konnte sich überhaupt keinen Reim auf dies alles machen. Immerhin war ihr Neffe von einem Raubvogel entführt worden und einen ganzen Tag und eine ganze Nacht lang verschwunden geblieben. Und jetzt stand er plötzlich und unerwartet an einem menschenleeren, abgelegenen Platz in einem kleinen Canyon vor ihr.
»Merkwürdig, merkwürdig«, dachte sie und schüttelte den Kopf. »Ich verstehe die Welt nicht mehr.«
»Wie bist du denn hierher gekommen?«, fragte sie mit vor Erregung bebender Stimme.
»Auf Carols Pferd. Das war ganz einfach. Ich saß vor ihr, und wir ritten zusammen. Ich hätte auch alleine reiten können. Du weißt ja, ich kann reiten. Das habe ich doch im Kakteen-Wald gelernt«, antwortete Mäxchen in aller Ruhe. Für ihn schien es völlig normal zu sein, mit einer Indianerin hierher zu reiten und mitten in der Wildnis auf seine Tante zu treffen. Er war mops-fidel und richtig aufgedreht.

Betty wollte nun wissen, wo denn Carol sei mit dem Pferd. Mäxchen berichtete, sie wäre weggeritten, als der Hub-

schrauber landete. Er hätte ihre Worte nicht richtig verstanden, aber »home, home« wäre darin vorgekommen. Und er meinte, dass sie heim müsse.
Jim hörte aufmerksam zu. Gleichzeitig suchte er mit seinen Augen die Gegend ab. Irgendwo musste doch die Indianerin sein! Hatte sie sich vielleicht aus Angst vor dem Hubschrauber versteckt? Er lief ein Stück vor, schaute hinter einen Felsvorsprung und rief immer wieder laut den Namen des Indianermädchens: »Carol, Carol!«
Aber nichts regte sich. Nur das Echo seiner Stimme brach sich an den Felswänden.
Betty schraubte die Kanne auf und schenkte Milchkaffee ein. Jim hatte Durst, er kippte die Flüssigkeit fast gierig hinunter. Mäxchen dagegen wollte nichts trinken und meinte:
Ich habe bei den Indianern heute Morgen so gut gefrühstückt, dass ich immer noch pappe-satt bin.«
»Was gab es denn bei denen zu essen?«, fragte Betty äußerst neugierig.
Mäxchen sprudelte nur so darauf los und erzählte was von Maisbrei mit Sirup, und von Fleischpastete mit Tacos und von einem großen Glas Milch. Verblüfft hing Tante Betty an seinen Lippen.

Jim lief unterdessen zum Hubschrauber und gab über Funk die freudige Nachricht an die Zentrale durch:
»Mäxchen gefunden! Operation Max beendet!«
Im Kopfhörer dröhnte das Jubelgeschrei der Wartenden. Lausespitz schrie vor Begeisterung am lautesten. Er riss dem Chef das Mikrofon aus der Hand und wollte von Jim genau wissen, wo sie seinen Bruder gefunden hätten und wie es ihm gehe.
»Er ist top-fit. Gerade erzählt er deiner Tante, was es heute Morgen bei den Indianern zum Frühstück gab. Den Rest kann er dir selbst mitteilen. Wir fliegen gleich ab und sind bald zurück. Bis dann! Bye-bye! Over!«

5. Eine verrückte Geschichte

Die Nachricht, dass Mäxchen wieder aufgetaucht sei, hatte sich wie ein Lauffeuer herumgesprochen. Die örtlichen Rundfunkstationen unterbrachen wie tags zuvor ihre Programme und berichteten darüber. Überall am Grand Canyon hatten die Touristen nur ein Thema: »Max ist wieder da!«
Zahlreiche Leute eilten zum Flugfeld, um die glückliche Rückkehr »live« mitzuerleben.
Es dauerte nicht lange, da kündigte ein leises Brummen aus der Ferne den herannahenden Hubschrauber an. Als er über den Köpfen der Wartenden einschwebte, hatte der Angestellte alle Mühe, die Leute hinter dem Absperrgitter zurückzuhalten. Ganz vorne standen Onkel Otto mit Lausespitz und Peter, sowie das Rettungsteam.
Endlich kamen die Rotorblätter zum Stillstand. Der Pilot stieg aus, lief um die Maschine herum und hob einen kleinen, dunkelhaarigen Jungen aus der Kabine. Jetzt waren die Zuschauer nicht mehr zu bremsen. Sie stürmten auf den Landeplatz, allen voran Lausespitz und Peter.

»Mensch, Bruderherz! Ich bin ja so froh, dass du wieder da bist!«, rief Lausespitz Mäxchen entgegen und gab ihm den sanftesten und herzlichsten Knuff, den er ihm je erteilt hatte.
Blitzlichter flammten auf, Fragen prasselten auf den Kleinen nieder, alle sprachen durcheinander. Jeder wollte etwas anderes von dem Wiedergefundenen wissen. Der aber hielt sich beide Ohren zu und grinste die Umstehenden lustig an.
Mit geübtem Auge überblickte Otto Stahlberg die Situation. In diesem Durcheinander musste erst einmal Ordnung geschaffen werden. Das kannte und konnte er. Zuerst sorgte er für den richtigen Abstand, damit der Kleine nicht

erdrückt wurde und postierte ihn zwischen Lausespitz und Peter. Diese betrachteten sich stolz als seine Leibwächter. Lausespitz schwor sich im Stillen, in Zukunft viel besser auf seinen Bruder aufzupassen. So etwas dürfe ihm nie wieder geschehen.
Onkel Otto stellte sich vorsichtshalber gleich hinter den Dreien auf. Tante Betty fungierte als Dolmetscherin, und dann ging es los mit den vielen Fragen und Antworten.

Ja-nein, nur am Anfang hatte er Angst vor dem Vogel.
Nachts schlief er sehr gut, weil er ja auf einer Matte lag.
Nein, nein, der Vogel hat ihm nur anfangs ein bisschen wehgetan, als er ihn in seinen Krallen hielt. Später wurden sie richtige Freunde. Er nannte den Vogel »Kruh«, weil er manchmal so komisch krächzte.
Beim ersten Halt oben auf einem Felsen hat Kruh ihn dann losgelassen.
Ja, da war er sehr traurig. Geweint hat er sogar. Aber Kruh war dicht neben ihm und hat ihn beschützt.
Aber nein, als sie weiterflogen, hat er sich einfach auf seinen Rücken gesetzt. Das war sehr bequem und vor allem weich.
Ganz einfach, Kruh hat ihm gesagt, dass er aufsitzen soll.
Klar hat er ihn verstanden.
Nein, er kann doch nicht in einem Vogelnest schlafen. Er hat überhaupt keines gesehen. Und so ein Nest ist doch viel zu klein für einen Jungen wie ihn.
Und dann kam er zu den Indianern.
Aber ja doch, Kruh hat ihn auf einem schmalen Pfad dicht an einer Felswand abgesetzt. Da war es schon ein bischen dämmrig. Kruh hat mit seinem Schnabel fürchterlichen Krach gemacht und laut gekrächzt. Erst als die Kinder näher kamen, hörte er auf.
Nein-ja, dann flog er einfach fort.
Schade, seitdem hat er Kruh nicht wieder gesehen.

Klar, er ist traurig, dass er weg ist. Er hat nämlich richtig Freundschaft mit ihm geschlossen.
Ganz toll war ihr Flug über den Wald und über den See. Zuerst über dem Canyon war es nicht so gut. Da hing er noch in Kruhs Krallen, und die pickten ihn kräftig.
Ja, später auf Kruhs Rücken war es dann in Ordnung.
Klar hat er was zu essen gekriegt. Von den Indianern natürlich.
Logo, zu trinken auch.
Ja, das letzte Mal heute Morgen zum Frühstück.
Nein, Kruh hat keinen Stopp bei Mc Donald gemacht. Das ist überhaupt eine blöde Frage.
Aber einmal ruhten sie sich aus an einem großen See. Da gab es ein Stückchen Sandstrand wie am Meer. Kruh hat aus dem See getrunken und er auch. Unheimlich durstig war er. Er hat viel mehr getrunken als Kruh.
Ja, wenn man Durst hat, schmeckt auch warmes Wasser gut.

Je mehr ihn die Umstehenden ausfragten und je tollere Antworten ihnen Mäxchen gab, desto unglaubwürdiger erschien den Erwachsenen, was er erzählte. Mäxchen merkte das aber gar nicht. Im Gegenteil, er genoss es sichtlich, im Mittelpunkt so vieler Leute zu stehen.
Betty hörte, wie jemand seinem Nachbarn zuflüsterte: »Solche hirnverbrannten Fantasiegespinste eines kleinen deutschen Jungen kann ich in meiner Zeitung nicht bringen. Das wage ich meinen Lesern nicht zuzumuten. Wir hören doch nur Kindermärchen!«.

Mäxchen hingegen fuhr begeistert fort, die zahlreichen Fragen zu beantworten:
Was das für Kinder waren, die ihn gefunden haben? Indianerkinder natürlich. Ja, solche mit schwarzen Haaren, aber ohne Locken.

Carol hieß die älteste von ihnen. Die hat ihn auch auf ihrem Pferd zu dem großen Steintor gebracht.
Nein, nicht sofort, sondern erst heute Morgen. Zuerst war er doch bei den Indianern zu Hause.
Ja, die haben gleich dort gewohnt.
Nein, nicht in einem Dorf. Sie haben ihre Häuser direkt in einer Felswand gehabt. So wie er das schon in Montezuma-Castle gesehen hat. Nur größer, viel größer.
Als Mäxchen dann von Leitern erzählte, die er hinunter- und hinaufklettern musste, um in die verschiedenen Stockwerke zu gelangen, und dass er sogar Leute mit Krücken herumlaufen sah, weil sie von der Leiter gefallen waren und sich ein Bein gebrochen hatten, da übersetzte Betty nicht mehr jeden einzelnen Satz.
Sie dachte an das Abendessen vor dem Montezuma Castle. Es lag noch gar nicht lange zurück. An jenem Abend konnten Lausespitz und Peter nicht genug kriegen, über die Indianer in der Felswand und ihr Leben zu erfahren. Mäxchen hatte kaum etwas mitbekommen von der Unterhaltung. Er war doch auf ihrem Schoß gleich nach dem Abendessen eingeschlafen. Woher wusste er das mit den Krücken? Sie erinnerte sich genau, dass sie Mäxchen ins Bett gelegt hatte, bevor sie von den Laufstützen im Museum erzählte.
Betty hatte den Eindruck, dass Mäxchen jetzt wirklich anfing zu spinnen. In seiner blühenden Fantasie schien er die abendlichen Geschichten, die er im halb wachen Zustand mitgekriegt hatte und das jetzt Selbsterlebte durcheinander zu werfen.
Betty richtete einen fragenden Blick zu Otto Stahlberg herüber. Sie sah seinem Gesichtsausdruck an, dass er ähnlich dachte.

Doch plötzlich horchte sie auf. Das, was ihr Neffe gerade erzählte, fand sie hoch interessant. Als es dunkel gewor-

den war und er vor Müdigkeit nicht mehr stehen konnte, so sprudelte er darauf los, sei er von zwei jungen Indianern in der Mitte eines großen Raumes ganz vorsichtig auf eine Matte gelegt worden. Den Boden bedeckte heller, feinkörniger Sand. Um ihn herum saßen in einem engen Kreis Männer und Frauen. Vor ihnen standen Schälchen, gefüllt mit Pulver in verschiedenen Farben. Die Frauen hatten ihr Haar zu langen, dicken Zöpfen geflochten und trugen breite Hüte. Bunte Stirnbänder schmückten die Köpfe der Männer.
Nein, Federn waren da keine dran. Aber alle hatten sich mit einer oder mehreren Ketten aus türkisfarbenen Steinen behängt. Das ganze sah sehr festlich aus. Er sei sicher, dass seiner Mutti so eine Kette auch gut gefallen würde.
Um diesen engen Zirkel herum bildete eine zweite Indianergruppe einen äußeren, größeren Kreis. Sie sangen und sagten den vor ihnen Hockenden, was sie mit den Fingern in den Sand zeichnen sollten.
Auf die Frage einer älteren Touristin, antwortete Mäxchen:
»Natürlich habe ich erkannt, was die Indianer in den Sand gezeichnet haben.«
Nein, sie haben ohne Wasser gemalt, nur mit dem Pulver aus den Schälchen und mit ihren Fingern. Er wollte sich eigentlich aufsetzen, um besser zuschauen zu können, aber dazu war er viel zu müde.
Es waren große Sandbilder. Unten in der Nähe seiner Füße zeichnete jemand zuerst einen Vogel, der ihm bekannt vorkam. Natürlich, das war doch sein Freund, der Kruh. Er erkannte ihn an seinen langen, schwarz-weißen Federn, dem gelben Kopf und dem roten Hals.
Da drängte sich die Vogelkundlerin Dr. Debbie Bird vor und rief:
»Du trägst ja genau solche Federn um deinen Hals.«
Zuerst verstand er den Sinn ihrer englischen Worte nicht.

Erst nachdem seine Tante übersetzt hatte, konnte er eine Antwort geben:
»Ja, ich weiß. Die hat mir ein alter Indianer mit ganz vielen Runzeln beim Abschied umgehängt. Genau solche Federn hat auch Kruh gehabt. Der Indianer schenkte mir aber noch etwas.«

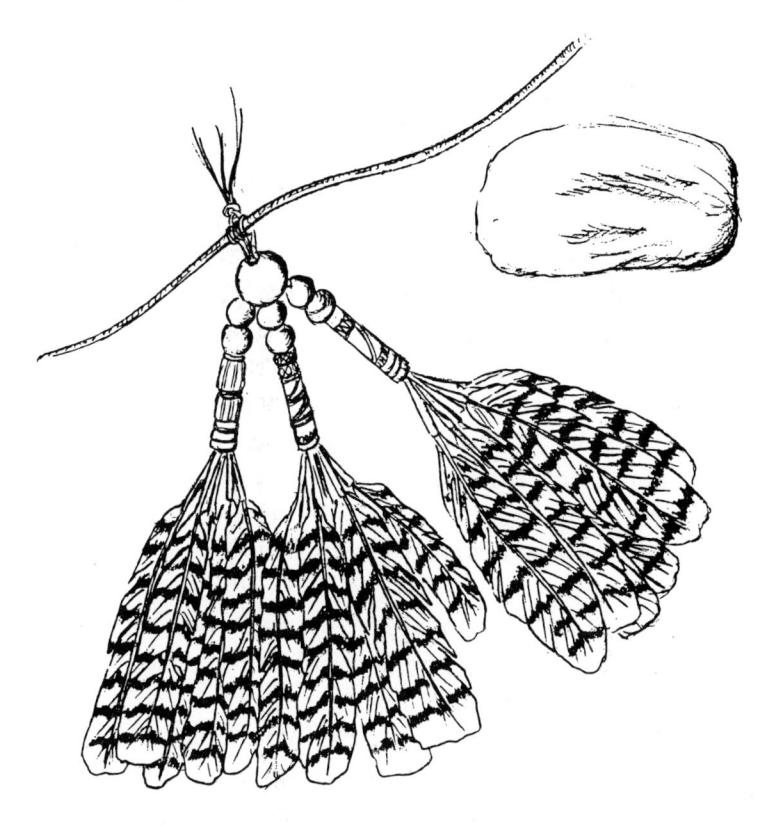

Bei diesen Worten holte er aus seiner tiefen Hosentasche einen ovalen, glatt geschliffenen Türkisstein hervor und zeigte ihn stolz herum.
Einige der Erwachsenen pfiffen anerkennend durch die Zähne.
»Uuii, der ist aber schrill«, gab Peter bewundernd von sich und schlug vor, ihn als Briefbeschwerer zu verwenden.

»Mal sehen«, sagte Mäxchen und steckte ihn wieder weg.
Debbie Bird hörte mit wachsendem Interesse dem kleinen Jungen zu und redete dann lebhaft auf Chief-Ranger Tom Watch ein.
Ein anderer Zuschauer wollte wissen, ob die Indianer noch mehr Bilder in den Sand gemalt hätten.
»Klaro. Neben meinem Kopf hat dann eine Frau mit Pulver einen steinernen Bogen gemalt. Das war das Tor, wo Carol mich heute Morgen vom Pferd abgesetzt hat. Ich habe es gleich wiedererkannt. Ein anderer Indianer mit Stirnband zeichnete ein Pferd in den Sand, darauf saß ein Mädchen und ein kleiner Junge.
Zum Schluss füllten sie den freien Raum bei meinen Füßen noch mit Zeichnungen von verschiedenem Gemüse aus. Ganz sicher konnte ich einen Maiskolben und ein Tabakblatt erkennen. Und das Große, Gelbe, das so rund wie ein Fußball war, sollte sicher ein Kürbis sein. Nur die kleinen, schwarzen Dinger, die kannte ich nicht.«
»Das waren vielleicht schwarze Bohnen«, warf eine Dame ein.
Dr. Bird aber fragte, woher Maximilian denn wüsste, wie Tabak aussähe.
Voll Wissensstolz antwortete er: »Ist doch katzeleicht. Der wächst bei uns auf den Feldern. Mein Papa hat ihn mir gezeigt.«
Frau Bird schaute skeptisch zu Tante Betty. Als diese zustimmend nickte, gab sie sich zufrieden.

Mäxchen wurde müde von der vielen Antworterei. Er hatte keine Lust mehr und sagte zu Lausespitz und Peter: »Können wir nicht endlich gehen?«
Onkel Otto wies auf einen Touristen mit breitem Texanerhut. Der hatte schon lange seinen Arm erhoben, um eine Frage zu stellen.

»Mäxchen«, schlug Onkel Otto vor, »dies ist der Letzte und dann wird Schluss gemacht. Einverstanden?«
»Einverstanden«, kam es lustlos zurück.
Der Texanerhut wollte wissen, was mit dem Sandgemälde und Mäxchen weitergeschah.
Da wurde der Kleine wieder quicklebendig. Er sprudelte geradezu:
»Als das Bild fertig war, gingen alle Indianer weg. Bis auf eine Frau, die blieb bei mir. Sie trug drei irre-tolle Ketten um den Hals. Sie streichelte meinen Kopf, setzte sich neben mich und fing an, wunderschön zu singen. Da wurde ich ganz müde und bin gleich eingeschlafen. Ich glaube, sie ist die ganz Nacht bei mir sitzen geblieben. Heute Morgen hat sie mich geweckt. Da standen auch wieder die zwei jungen Indianer vor mir. Sie hoben mich hoch und trugen mich mit weiten Schritten vorsichtig über die Bilder hinweg. Eigentlich wollte ich selber laufen, aber das ließen sie nicht zu. Sie schüttelten den Kopf und lachten nur. An der Wand des Raumes setzten sie mich dann auf einer Matte ab. Nach einer Weile kamen einige Männer und Frauen herein. Sie beugten sich langsam und respektvoll zu den Bildern herunter und begannen, mit bloßen Händen die Bilder im Sand zu verwischen und kaputt zu machen. Ich fand das sehr schade, aber die Indianer glaube ich nicht.
Die Frau, die so schön gesungen hatte, führte mich danach hinaus. Draußen ging gerade ganz toll die Sonne auf, so ähnlich wie am Grand Canyon. Wir setzten uns an einen großen Holztisch vorne vor die Felsenhäuser, und da haben wir gefrühstückt. Carol war schon da. Viele Indianer standen um uns herum und schauten zu. Ich glaube, sie haben sich gefreut, weil es mir so gut schmeckte. Als ich satt war, kam ein Mann und brachte ein Pferd. Es sah genauso aus wie das auf dem Sandbild. Zuerst schwang sich Carol auf den Rücken, und dann hob mich der Mann

zu ihr hoch. Ich saß vor ihr, fast schon auf dem Hals des Pferdes. Jetzt winkten die Indianer zum Abschied und riefen »Good-bye, bye-bye«. Ich habe auch kräftig gewunken und mit der Hand vorm Mund Indianergeheul gemacht, wie im Winnetou-Film.«
Tante Betty legte nun den Arm um ihren Neffen und sprach in bestimmtem Ton:
»Jetzt ist Schluss der Vorstellung! Der Junge ist müde und braucht seine Ruhe.«
Die Umstehenden sahen das ein und klatschten laut Beifall. Einige riefen zustimmend:
»Bravo«, »großartig«, »tolles Erlebnis«, »unglaublich für solch einen Knirps.«

Dem Rettungsteam war eine Zentnerlast genommen. Alle atmeten erleichtert auf.
Mäxchen war kerngesund zurückgekehrt und zeigte keinerlei Nachwirkungen von seinem erlebnisreichen Ausflug.
Zusammengedrängt wie in einer Sardinenbüchse saßen sie alle in Captain Hardy's kleinem Büro.
Immer wieder läutete das Telefon. Zeitungs- und Fernsehleute wollten den Tageshelden interviewen. Vogelkundler interessierten sich für Größe, Gewicht und Lebensraum des Kondors. Neugierige Anrufer stellten die verrücktesten Fragen.
Der Captain hatte für jeden seine Gäste einen Jumbo-Hamburger vom Restaurant herüberbringen lassen. Vergnügt und unbeschwert wie schon lange nicht mehr, bissen sie hinein.
Mäxchen saß zwischen Tante Betty und Lausespitz und kleckerte mächtig-prächtig. Mit seinem ketchupverschmierten Mund stichelte er zu Lausespitz hin:
»Diesen Jumbo hast du nur mir zu verdanken, klaro?«
Lausespitz schaute seinen Bruder verblüfft an, dann lachte er laut auf und meinte ausgelassen:

»Klaro, Bruderherz! Mensch, tut das gut, dass du wieder da bist! Ich habe dich direkt vermisst.«
Mäxchen schaute ihn kumpelhaft an. Seine Augen wurden kleiner und kleiner. Sein Kopf fiel auf Tante Bettys Schoß und schon sackte er weg in einen tiefen Schlaf der Erschöpfung.
Schützend und wärmend legte seine Tante den Arm um ihn. Die Unterhaltung wurde im gedämpften Ton fortgesetzt.
Was sollten sie eigentlich von Mäxchens Erzählungen halten?
Tatsache war, dass ihn ein Riesenvogel geraubt hatte. Dafür gab es verschiedene Zeugen.
Anhand der Beschreibung war Dr. Bird sicher, dass der Raubvogel nur ein Kondor sein konnte. Zumal im Grand Canyon Gebiet mehrere Paare kalifornischer Kondore lebten. Sie waren hier ausgesetzt worden, um dieser bedrohten Art in der abgeschiedenen Gegend fernab vom Lärm der Städte eine bessere Überlebenschance zu bieten.
Dass aber ein Kondor ein Kind wie Mäxchen packen und durch die Luft entführen konnte, das überstieg ihre Vorstellungskraft.
Auf jeden Fall muss der Vogel ungewöhnlich groß und stark gewesen sein.
Zutreffend war, dass das Tier mit dem Jungen in kurzer Zeit eine ziemlich weite Strecke zurückgelegt hatte. Auch dafür gab es Zeugen. Trotzdem konnten es die Erwachsenen kaum glauben.
Völlig abwegig fanden sie, dass heute noch Indianer in Felsenwohnungen leben sollten.
Unzweifelhaft allerdings, dass sich Mäxchen bei den Navajos aufgehalten hatte. Dafür sprach seine Schilderung über das Sandbild mit den vier heiligen Navajo-Früchten. Eine solche Einzelheit wussten nur Kenner.

Unbestritten, man hatte Mäxchen zur Regenbogenbrücke gebracht. Auch hier gab es Zeugen.
Warum nur verschwand Carol, als der Helikopter landete? Fragen über Fragen bewegten die Anwesenden im Raum. Betty Brown spürte instinktiv, dass gewisse Teile aus Mäxchens Erzählung im Dunkeln bleiben würden. Auch sie grübelte darüber nach und meinte schließlich:
»Schluss jetzt mit dem Hin- und Herdiskutieren! Mäxchens Rettung ist ein Wunder, und viele der Begleitumstände sind es auch. Das Wichtigste für uns ist, dass Mäxchen wohlbehalten zurückgekehrt ist. Alles andere erscheint mir unwichtig. Und warum sollte es heute nicht auch noch Wunder geben?«
Bei diesen Worten schaute sie Otto Stahlberg auffordernd an. Der nahm ihr den schlafenden Buben vorsichtig ab. Auch Lausespitz und Peter standen auf. Alle verabschiedeten sich mit herzlichen Worten des Dankes für die gelungene Rettung. Man versprach sich gegenseitig, in Kontakt zu bleiben und zu schreiben.

VII.
»Frühnachrichten« wittern Story

1. Brisante Ticker-Meldung

Es war lange nach Mitternacht. Auf dem Dach des mehrstöckigen Verlagsgebäudes strahlte in fetten Lettern die Leuchtreklame »Frühnachrichten«. Die Front des Gebäudes war dunkel, nur in der dritten Etage rechts schien Licht aus einigen Fenstern und zeigte an, dass dort zu so später Stunde noch gearbeitet wurde. Hier saß im Großraumbüro Harald Schreiber und machte seinem Ruf als tüchtiger Reporter wieder einmal alle Ehre.
Gestern Abend noch hatte der Chefredakteur ihn gebeten, zur abendlichen Stadtratsitzung zu gehen. Er wolle einen ausführlichen Bericht haben über das dort behandelte aktuelle Thema der Müllbeseitigung. Der Chefredakteur der »Frühnachrichten« musste nämlich über den Ausgang der Sitzung Bescheid wissen, bevor er einzelne Stadträte zu ihrer persönlichen Meinung dazu interviewen konnte. Dafür war Harald Schreiber genau der richtige Mann. Das sah dieser genau so. Seine Stärke war, pünktlich seinem Chef einen Bericht abzuliefern, auch wenn er noch nachts daran arbeiten musste. Schließlich schaffte er für die »Früh-« und nicht für die »Spät-« Nachrichten.

Wie üblich, zog sich die Stadtratsitzung hin wie ein Gummiband bis weit in den Abend hinein. Jeder Stadtvater wollte seinen Senf zu dem Thema der Müllbeseitigung geben, und es wurde immer später.
Die Verbrennung sei die sauberste Lösung zur Beseitigung des Abfalles, wurde energisch in die Diskussion eingebracht.
»Hört, hört, und an die damit verbundene Luftverschmutzung denken Sie überhaupt nicht«, kam prompt der Einwand.

»Ach was, die Luftverschmutzung kriegen wir vor Ort gar nicht mit. Wir haben doch eh meist Westwind, der den Dreck aus unserer Stadt gleich zum Nachbarn hinüberbläst,« erwiderte ein anderer Stadtrat etwas scherzhaft.
So ging es stundenlang hin und her um die Entsorgung des Stadtmülls.
Sollte die Stadt das Gelände der Mülldeponie erweitern? War das überhaupt möglich? Gab es dafür noch Reservegelände?
Ein Stadtrat hatte die gar nicht üble Idee, die Bürger wenigstens ihren Biomüll selbst entsorgen zu lassen.
»Vergraben Sie doch ihren Küchenabfall im Garten, Eier- und Bananenschalen unter den Rosenbüschen, Fischgräten und Wurstpellen in den Blumenbeeten«, schlug höhnisch ein Rat von der Gegenpartei vor.
»Ich habe gar keinen Garten«, warf ein anderer schnippisch ein.
Eine ängstliche und von Ekel beherrschte Stimme fragte: »Holen sich die Bewohner damit nicht Ratten in ihre Gärten und Häuser, wenn sie ihren Biomüll selbst kompostieren?«
Die Sitzung wurde immer unsachlicher. Da meinte doch tatsächlich einer:
»Spülen Sie den Dreck einfach die Toilette hinunter.«
»Jetzt reicht es! Aufhören, bitte«, unterbrach energisch der Sitzungsleiter die ausufernde Diskussion. »Ich muss schon sehr bitten, meine Herrschaften! Wir sind hier nicht in der Prunksitzung des Karnevalvereins.«
Harald Schreiber hatte seine wahre Freude an der Stadtratsitzung und tat sich schwer, alles so schnell mitzuschreiben.
Sein Chefredakteur hatte Erfahrung und sollte Recht behalten. Es war tiefe Nacht, als sich die Stadträte nach stundenlangem Debattieren endlich trennten. Auf eine Lösung für die beste Müllbeseitigung hatten sie sich jedoch noch nicht geeinigt.

Mitternacht war längst vorbei, als Harald Schreiber seinen Bericht endlich fertig hatte. Er nahm die voll geschriebenen Blätter und die leergegessene Packung Gummibärchen, zielte das eine in den Papierkorb und legte das andere auf den Schreibtisch des Chefredakteurs. Wie gewohnt warf er beim Verlassen des Büros noch einen schnellen Blick auf den Fernschreiber gleich neben der Tür. Gab es dort noch interessante Neuigkeiten? Der Ticker lief gerade und die Buchstaben formten sich auf dem Papierstreifen zu verständlichen Sätzen. Da zuckte er zusammen. Gebannt starrte er auf den gerade laufenden Text. Instinktiv streckte er seine Nase weit vor, und schon begann sie fürchterlich zu jucken. Ihr erinnert euch an den ersten Band: Harald Schreibers Nase reagierte prompt auf heiße Berichte. Er las:
Grand Canyon, Arizona, USA. Amerikanische Ornithologen vor Rätsel: Deutscher Junge, 6 Jahre, von Greifvogel, vermutlich Kondor, am Grand Canyon entführt. Zeugen Tante, Onkel, zwei Freunde. Intensive Suche, Flugzeuge, Ranger, Indianer, zuerst am Grand Canyon negativ. Nach 24 Stunden an der Regenbogenbrücke / Powell-See gefunden, ca. 150 km entfernt. Kind wohlauf.

Harald Schreiber war elektrisiert. In seinem Hirnkasten arbeiteten die Zellen auf Hochtouren.
Wie war das noch? Rehbeins Söhne besuchten doch ihre Tante in Amerika. Das wusste er. Er einnerte sich an die Grillparty vom vergangenen Herbst im Rehbein'schen Garten. Damals hörte er zum ersten Mal, dass sie planten, nach USA zu reisen. Gleich zu Beginn der Sommerferien wollten die Kinder zu ihren Verwandten über den großen Teich fliegen. Das hatte ihm Frau Hasenclever, Lausespitzens junge, hübsche Lehrerin erzählt, als sie sich wieder mal in einer gemütlichen Weinstube trafen. Seit den Geschehnissen auf der Burg kam das öfter vor.

Ein Blick auf die Uhr sagte ihm, dass er jetzt in der Nacht unmöglich bei Rehbeins anrufen konnte. Er ging hinüber zur großen Weltkarte an der Wand und suchte innerhalb des riesigen Landes USA den Staat Arizona. Ganz weit hinten fand er ihn im süd-westlichen Teil. Die Entfernung dorthin war gewaltig. Die Sonne ging in Arizona bestimmt viel später auf, überlegte er und fing an zu rechnen:
»Ja, die sind etwa acht Stunden in der Zeit zurück. Da kann ich also jetzt noch anrufen. Aber wen und wo?«
Er nahm den großen Weltatlas aus dem Bücherregal und vertiefte sich an seinem Schreibtisch in die Seite mit dem Grand Canyon. Tatsächlich, da gab es wirklich einen Flugplatz! Deutlich war er als *Grand Canyon – Air Port* südlich der Felsschlucht markiert. Nach kurzer Überlegung griff er zum Hörer und ließ sich von der internationalen Auskunft die Telefonnummer des sicher nur sehr kleinen Regionalflugplatzes geben. Es klappte wie geschmiert.

Nur wenig später klingelte es in Captain Fred Hardy's Büro. Dort saß man noch immer vergnügt zusammen.
»Oh no, schon wieder diese Nervensäge!«, stöhnte der Captain. »Jetzt ist Feierabend. Wir wollen in Ruhe den letzten Schluck auf die glückliche Rettung des Max austrinken. Birdy, gehen Sie bitte dran! Bestimmt will da wieder jemand etwas über unseren Wundervogel wissen.« Unlustig nahm Debbie Bird den Hörer ab.
»Here Dr. Bird. – Yes, correct. – Oh, from Germany! – No, Max is not here. – Yes, he was here. – One moment, here is the pilot!«
Birdy rief ganz aufgeregt:
»Jim, gehen Sie mal ran, da ruft ein Reporter aus Deutschland an. Er spricht sehr schlecht Englisch. Ich kann ihn kaum verstehen. Sie können doch deutsch. Er will was über Max wissen und seine Rettung.«
Jim sprang hoch und rief in den Hörer:

»Hallo, here Jim Mc Allister. – Yes, I am the pilot. – Yes, yes, Max is absolutely ok. – Yes, Lausespitz is also ok. – Yes, ich spreche etwas deutsch. – Ich habe zusammen mit Betty Brown, sie ist die Tante, den Max gefunden. – Er verbrachte die Nacht bei Indianern. – Genau wissen wir das nicht. – Max hat wohl viel hinzufantasiert. – Ja, das mit dem Kondor stimmt. – Yes, absolutely. – Die Entführung haben doch die anderen gesehen. – Yes, Tante Betty und Onkel Otto. And Lausespitz and Peter and andere Touristen. – No, so viel ich weiß, werden hier keine Kondore gezüchtet. – Hier leben nur einige kalifornische Kondore in freier Wildbahn. – No, der Kondor ist weg. – Ja, er soll sehr groß gewesen sein. – OK, mache ich. – Bye, bye, Mr. Schreiber«, und damit legte er den Hörer wieder auf. Das Telefongespräch war beendet, und die Vier wunderten sich, dass man so weit weg in Deutschland schon von der Rettungsaktion gehört hatte.

Auf unserer Seite des großen Teichs war Harald Schreiber innerlich ganz aufgewühlt. Welch einer unglaublichen Geschichte war er da auf die Spur gekommen! Gepriesen seien Müll und Stadtratsitzung, vor allem aber Familie Rehbein! Es schien sich wieder einmal zu bestätigen, welch großen Segen diese Familie für ihn und seine Zeitung darstellte. Immer wieder war sie für eine spannende Story gut. Man sah, wie er angespannt nachdachte und spürte förmlich, wie es in seinem Hirn knisterte. Nach einem kurzen Blick auf die Uhr packte er eilig zusammen, sprang auf seine schnittige Suzuki und fuhr sofort nach Hause.
In seinem Kopf entstand ein abenteuerlicher Plan. Hoffentlich spielte sein Chef mit. Sonst würde die Sache nicht klappen. Zuerst aber brauchte er jetzt dringend eine Mütze Schlaf.

2. Reporter Schreiber schwebt ein

Nach wenigen Stunden wachte Harald Schreiber voll erquickt auf. Er fühlte sich, als ob er zwölf Stunden heruntergeratzt hätte. Dabei war er so früh dran, dass seine Mutter den Kaffee noch gar nicht fertig hatte.
Mit einem fröhlichen »Guten Morgen, Mama«, setzte er sich an den Küchentisch und stellte eine prall gefüllte Reisetasche neben sich. »Für mich nur einen starken Kaffee, bitte. Ich muss gleich los und komme vielleicht erst in ein paar Tagen zurück. Ich bin da einer äußerst heißen Spur auf den Fersen.«
»Junge, Junge, wo soll das noch hinführen? Du isst zu wenig, du schläfst zu wenig, und du arbeitest viel zu viel!«
»Jetzt aber mal halbwegs, Mama«, antwortete Harald in liebevollem Ton. »Du freust dich doch auch, wenn dein Sohn erfolgreich ist und beruflich fest im Sattel sitzt, bevor er dir eine Schwiegertochter präsentiert. Wer weiß, vielleicht verdrückt meine Zukünftige ganz besonders große Portionen, und vielleicht wirst du mal Großmama von Drillingen. Um so viele Mäuler zu stopfen, muss ein Vater schon viel Geld verdienen.«
Mutter Schreiber strahlte über beide Backen, stellte eine dampfende Tasse Kaffee vor ihren Sohn und frotzelte zurück:
»So mein Junge, jetzt mach du aber auch mal halbwegs. Soviel ich mitgekriegt habe, isst deine Außerwählte kleine Portiönchen. In ihrem Beruf verdient sie genug, um sich mit Leichtigkeit selbst zu ernähren. Dafür braucht sie dich nicht. Und Drillinge, die schlag dir aus dem Kopf. Die gibt es viel zu selten. Ja, vielleicht drei hintereinander, das wäre etwas anderes, aber nicht drei auf einmal. Nebenbei gesagt, ich würde mich schon sehr freuen, wenn endlich wieder Leben in Haus und Garten ...«.

Frau Schreiber war bei ihrem Lieblingsthema angelangt. Ihr Sohn kannte die Sätze genau, die nun folgen würden. Er musste den Redefluss seiner Mutter stoppen. Energisch fiel er ihr ins Wort:
»Über Drillinge diskutieren wir später. Ich muss jetzt los, Mama.«
»Wohin geht's denn heute, Harald?«
»Ich hoffe, ich sitze um die Mittagszeit im Flieger nach Amerika. Drücke mir die Daumen, dass es klappt«, erwiderte er und drückte seiner Mutter zum Abschied einen dicken Schmatz auf die Wange. Er griff nach der Reisetasche, und weg war er.

Harald Schreiber saß wirklich um die Mittagszeit im Flugzeug.
Die letzten Stunden waren recht hektisch verlaufen. Nach langer Diskussion hatte sein Chef eingesehen, dass die neue Rehbein-Geschichte ein Hammer für die »Frühnachrichten« werden könnte. Dass ein Junge aus der Stadt von einem Raubvogel im Grand Canyon entführt wurde, kommt nicht alle Tage vor. Man könnte den Lesern wieder mehrere Fortsetzungen anbieten, genau wie vor neun Monaten nach den dramatischen Geschehnissen auf Burg Bronn.
Der Chefredakteur sah im Geist bereits, wie die Auflage der »Frühnachrichten« in die Höhe schnellte. Kein Zweifel, Harald Schreiber musste vor Ort recherchieren.
Vor seinem Abflug versuchte der Reporter, die Rehbeins zu erreichen, aber leider vergeblich. In Herrn Rehbeins Büro erfuhr er, dass dieser Urlaub hätte und bei der Renovierung von Burg Bronn mithülfe. Klar also, warum er das Ehepaar nicht zu Hause antreffen konnte. Ob die überhaupt schon etwas von dem ganzen Brassel mit Mäxchen und dem Kondor wussten? Er durfte unmöglich die Kinder in USA aufsuchen, ohne den Eltern vorher

Bescheid zu geben. Was war zu tun? Die Zeit wurde knapp. Aber Harald Schreiber fand natürlich auch hier eine Lösung.
Erneut griff er zum Telefon und wählte Professor Jung an. Leider könne er ihn nicht sprechen, da er im Operationssaal sei, erklärte die Sekretärin mit Bedauern.
Hm, Harald Schreiber suchte im Telefonbuch, wählte abermals, und diesmal hatte er Glück.
Er schilderte Frau Jung, der Großmutter, genau die Lage und sein Vorhaben. Die begriff sofort. Sie war heilfroh, dass Mäxchen nichts passiert war. Sie bat allerdings darum, dass er sofort anrufen möge, sobald er alle gesehen und mit Betty und Otto Stahlberg gesprochen hätte.
»Versprochen, Frau Jung. Tschüs bis morgen am Telefon aus Amerika«, und schon war in der Leitung das Freizeichen zu hören.

Jetzt also saß er, wie vor wenigen Wochen Otto Stahlberg mit den Jungen, in der Maschine nach USA. Aufmerksame Stewardessen umsorgten ihn.
Das leckere Mittagessen aß er bis zum letzten Bissen auf. Anschließend nutzte er die Zeit und holte seinen versäumten Schlaf ausgiebig nach. Er wachte erst wieder auf, als aus dem Lautsprecher die Landung angekündigt wurde.
Er hatte fast den ganzen Flug verschlafen und fühlte sich erholt wie nach einem vierwöchigen Urlaub. Am Flughafen mietete er sich ein Auto und fuhr sofort in Richtung Grand Canyon. Zum Glück war auf dem Highway wenig Verkehr.

Inzwischen hatte Betty Brown mit ihrer Schwester Helga Rehbein ein überaus langes Telefonat geführt und dabei erfahren, dass Harald Schreiber auf dem Weg zu ihnen war. Die Jungen freuten sich mächtig darüber, zumal ihnen klar war, dass er nur wegen Mäxchens Abenteuer herüber-

flog. Die Buben lungerten also tags darauf um das Besucherzentrum herum, weil Betty ihnen erklärte, alle Touristen würden sich zuerst dort orientieren.
Endlich wurde ihr langes Warten belohnt. Laut pfeifend schritt der schlaksige Harald Schreiber auf sie zu. Es gab ein großes Hallo und ein kräftiges Händeschütteln. Dann setzte er Mäxchen auf seine Schultern, und ab ging's zum Camper. Dort war die Freude ebenso herzlich und lautstark.
Nachdem abgeklärt war, dass für Harald Schreiber noch eine Schlafstelle im Bus frei war, fuhren sie zum nahe gelegenen Campingplatz. Dort wollten sie einige Tage bleiben, während der Reporter plante, schon am nächsten Morgen mit seiner Geschichte für die »Frühnachrichten« zurückzureisen.

Wie gemütlich war dieser herrliche Nachmittag auf den Klappstühlen unter dem Vordach des Wohnmobils! Betty hatte wie üblich für beste Verpflegung gesorgt. Warm schien die Sonne. Durch die grünen Baumwipfel leuchteten die braunroten Felsen.
Nicht nur Mäxchen erzählte seine Geschichte. Auch die beiden anderen Buben standen ihm in nichts nach. Alle Drei schienen einen ordentlichen Schluck Babbelwasser getrunken zu haben!
Harald Schreiber machte sich immer wieder Notizen und fotografierte ausgiebig die Buben, die Erwachsenen, den Camper und die schöne Aussicht. Im Nu verrannen die Stunden. Onkel Otto wunderte sich, dass die Lippen der Jungen vom vielen Reden noch nicht fransig geworden waren.
Die Kinder hatten so viel erlebt und so zahlreiche Eindrükke gesammelt, dass sie fast platzten. Sie mussten sich einfach Luft machen! Und wer war ein besserer Zuhörer als Reporter Harald Schreiber, der das ganze auch noch in

die Zeitung bringen würde! Er saß an der Quelle und erfuhr alles, aber auch alles vom Anfang bis zum Ende.

Zuerst kamen Mäxchens Ritt auf dem Kondor und seine Erlebnisse bei den Indianern dran. Harald Schreiber kam aus dem Staunen überhaupt nicht mehr heraus. Er fühlte sich voll bestätigt. Der Flug zum Grand Canyon hatte sich für die »Frühnachrichten« hundertprozentig gelohnt.

Natürlich interessierten ihn auch die anderen Erlebnisse. Fasziniert hörte er den Schilderungen über BIO 2 und den Ausflug in den Kakteenwald zu. Onkel Bobs und Tante Bettys Haus beschrieben die Buben so genau, dass er fast glaubte, sich mit geschlossenen Augen darin bewegen zu können. Tante Bettys Kochkünste wurden in den höchsten Tönen gelobt. Harald Schreiber lief dabei das Wasser im Mund zusammen, und er überlegte, ob er sie nicht überreden sollte, ein Kochbuch zu schreiben.

Er erlebte im Nachhinein, wie Peter und Lausespitz auf dem Hinflug im Cockpit mit den Piloten sprechen durften. Das Tollste aber war die meisterliche Notlandung auf dem Blätterdach. Immer wieder unterbrach er die Buben mit Fragen nach Einzelheiten.

Natürlich kam auch die Montezuma-Felsburg mit ihren Indianern nicht zu kurz.

Doch alles geht einmal zu Ende, und so war es auch mit dem begeisterten Redeschwall der Buben. Allmählich wurden sie müde.

Während sie erschöpft schliefen, unterhielten sich die Erwachsenen noch angeregt bis tief in die Nacht hinein.

VIII.
Neuigkeiten von Burg Bronn

1. Wasserader angezapft!

Otto Stahlberg hatte die Motorhaube des Wohnmobils hochgeklappt. Vor der zweitägigen Heimfahrt überprüfte er das Innenleben wie Ölstand, Kühlwasser, Keilriemen und Bremsflüssigkeit ganz genau. Er wollte keine Panne riskieren.
Betty Brown bereitete das Innere der rollenden Behausung für die Rückreise vor.
Endlich ging es der Tante wieder gut. Welch große Aufregungen lagen hinter ihr. Gott sei Dank war alles zu einem glücklichen Ende gekommen, obwohl es manchmal gar nicht danach ausgesehen hatte.

Traf Harald Schreibers Bemerkung wirklich zu, dass in der Familie ihrer Schwester immer irgendetwas Spannendes und Aufregendes los sei?
Sie dachte darüber nach und meinte schließlich, merkwürdige Dinge geschähen in jeder Familie. Bei manchen fielen sie nur stärker auf als bei anderen. Wie oft sind es gerade die Kinder, die daran beteiligt sind.
Häufig finden sie irgendwo etwas Interessantes. Es muss ja nicht gleich ein so spektakulärer Schatz wie der im Burgkeller sein.
Sehr traurig ist, dass trotz elterlicher Warnungen manchmal noch Kinder entführt werden. Das ist dann ein dankbares Thema mit dicken Überschriften in den Zeitungen.
Passiert aber etwas so Außergewöhnliches wie die Geschichte mit dem Kondor, dann braucht man sich nicht zu wundern, wenn neugierige Reporter fast ausflippen. Auf der Jagd nach einer spannenden Story eilen sie sogar um die halbe Welt an den Ort des Geschehens.

Leider gibt es bei unserem dichten Verkehr immer wieder Unfälle, schwere und leichte. Man denke nur an die vielen Autos, Motorräder, Fahrräder und Rollerscates. Meist entsteht bloß Blechschaden, wenn es kracht. Und so war es ja auch bei der Notlandung auf dem Blätterdach gewesen.
Tante Betty und Onkel Stahlberg wunderten sich immer wieder, wie gut die Kinder die ganzen Aufregungen wegsteckten. Wahrscheinlich half es ihnen, dass sie über ihre Erlebnisse erzählen konnten, oft stundenlang. So war es jedenfalls bei den drei Jungen. Ihre Münder standen einfach nicht still. Vor allem aber, meinte Tante Betty, fanden sie stets gute Zuhörer, was für den, der etwas zu erzählen hat, ganz, ganz wichtig ist.

Während die fünf Ausflügler gemütlich zu Onkel Bob zurückfuhren, geschahen bei den Rehbeins, zu Hause in Deutschland, recht interessante Dinge. Es wird also höchste Zeit, dass wir uns dort mal wieder umschauen.
Auf Burg Bronn herrschte seit Wochen emsiges Treiben. Die Burg war nun für Touristen gesperrt. Das sollte auch in Zukunft so bleiben, denn ab Oktober würde sie als Schullandheim für den Aufenthalt ganzer Klassen zur Verfügung stehen.
Die Aus-, Um- und Anbauten befanden sich allesamt in der heißen Endphase. Mit Macht ging es ihrer Fertigstellung zu.
Architekt Neuhäusler hatte nicht nur die Pläne entworfen, er war auch der Bauleiter des großen Objekts. Er arbeitete in einem Bürocontainer, der auf dem Burghof stand. Seine Sekretärin saß dort am Schreibtisch, bediente Telefon, Faxgerät und PC und kochte nebenher auch Kaffee.
Eine willkommene Unterstützung hatte Herr Neuhäusler in Herrn Rehbein. Dieser verbrachte den ganzen Tag auf der Burg und half überall dort mit, wo etwas schnell

erledigt werden musste. Er telefonierte mit Handwerkern, besorgte Arbeitsgeräte und holte sogar mittags etwas Essbares von Frau Emilias Pension herauf.
Die Handwerker arbeiteten fleißig, genau nach Plan. Bis zum ersten Oktober musste alles fertig sein. Denn an diesem Tag sollte die feierliche Einweihung des Schullandheims stattfinden.

Im Burghof sah es noch schlimm aus. Das baufällige Teilstück der Burgmauer, die sich an beiden Seiten des Herrenhauses anschloss, musste ausgebessert werden. Die kleinen, halb verfallenen Hütten, die an der Mauer lehnten, sollten vollständig abgerissen werden. Sie dienten früher als Pferdeställe, Schmiede, Waschhaus und als Unterkünfte für Knechte und Mägde. Man brauchte sie heute nicht mehr.
»Der alte, schon lange Zeit trockenliegende Brunnen in der Mitte des Hofes muss unbedingt erhalten bleiben«, darauf bestand der Architekt schon vor vielen Monaten während seines ersten abendlichen Gesprächs bei den Rehbeins.
»Er gehört zur Burg und ist ein typisches Merkmal der damaligen Zeit. Wäre man hier auf keine Wasserader gestoßen, hätte man die Burg erst gar nicht gebaut.«
Herr Neuhäusler stellte sich eine Überdachung des Brunnens mit einer Holzkonstruktion vor, die das Ganze zu einem zentralen Blickfang aufwerten würde.
»Man könnte alles sogar mit Scheinwerfern anstrahlen, was abends einen sehr anheimelnden Lichteffekt gäbe. Schließlich wurde der Schatz ja hier aus seinem langjährigen Versteck heraufgezogen«, ergänzte er.
Vor allem aber sollte der Brunnen wieder Wasser geben. Der Schacht war elf Meter tief. Architekt Neuhäusler hoffte, dass die Quelle rasch wieder freigebohrt werden könne.

Im Augenblick stand über dem Brunnen ein kleiner Bohrturm. Seit einigen Tagen drehte sich der Kopf des Gestänges immer tiefer, Zentimeter um Zentimeter durch den Kalkstein nach unten. Herr Neuhäusler sprach mit dem Bohrmeister und Herrn Rehbein. Eigentlich hätten sie schon längst auf die Wasserader stoßen müssen. Sie wunderten sich, dass es so lange dauerte:
»Hoffentlich hat sich das Wasser im Laufe der Jahrhunderte nicht einen anderen Weg gesucht«, gab der Bohrmeister zu bedenken.
»Das wäre schade«, ergänzte nachdenklich der Architekt. »Wir müssten dann eine Leitung vom Wohnhaus zum Brunnen legen. Denn Wasser sollte unbedingt im Schacht stehen.« Abschließend gab er die Weisung:
»Bohren Sie noch einen Tag weiter! Wenn es dann immer noch nicht sprudelt, geben wir auf.«
Nach diesen Worten gingen die Herren Neuhäusler und Rehbein zu dem breiten Eingangstor. Von dort hatten sie den besten Blick über den ganzen Burghof. Sie diskutierten die gärtnerische Gestaltung der Anlage.
»Der Burghof ist die Visitenkarte des Schullandheims«, begann der Architekt. »Wenn die Kinder hier hereinkommen, sollen sie sich gleich wohlfühlen. Was halten Sie davon, viele bunte Blumen zu pflanzen?«
»Sehr gut!«, pflichtete ihm sein Begleiter bei. »Schauen Sie mal, wie wäre es mit einigen Beeten gleich hier? Und dort drüben, als Übergang zur Burgwand eine Reihe Büsche und Bäume«, erläuterte Herr Rehbein seine Ideen. »Der Boden wird eingeebnet. Ein Stück Wiese brauchen wir auch und natürlich gemütliche Bänke.«
Genau in diesem Moment gab es einen hellen Knall, so als wenn ein Felsbrocken auf das Bohrgestänge gefallen wäre. Ein lautes Zischen folgte, und dann schoss eine Wasserfontäne aus dem Brunnenschacht. Als warmer Regen ging sie im Umkreis des Burghofes nieder. Er-

schrocken sprangen die beiden Männer zur Seite. Sie waren ganz nass geworden.
Als Erster fasste sich der Architekt:
»Mensch, Rehbein, die sind auf die Wasserader gestoßen!«
Beide rannten auf den Brunnen zu.
Herr Rehbein schmeckte das Wasser auf seinen Lippen und hielt prüfend den Arm hoch in den Strahl.
»Erstaunlich! Das ist ja ganz warm, das Wasser!«, erkannte er. Und zu Herrn Neuhäusler gewandt rief er:
»Ich glaube, der Bohrer ist auf eine Thermalquelle gestoßen.«
Ähnliche Gedanken waren auch dem Architekten gekommen, und vor Freude strahlend rief er:
»Sie als Wasserspezialist meinen das also auch? Eine Quelle, die uns hier oben warmes Wasser liefert. Menschenskind Rehbein, das wäre ja ein Volltreffer. Da ließe sich eine Menge draus machen.«

Das plötzliche Aufbohren der warmen Quelle sprach sich in Windeseile herum. Maurer, Verputzer, Fliesenleger, Maler, Schreiner, Glaser, Heizungsbauer, Installateure, die Sekretärin und auch Frau Rehbein, stürzten herbei. Alle bestaunten die Wasserfontäne, die inzwischen aber wesentlich niedriger geworden war und nur noch einen Meter hoch sprudelte. Der erste Druck hatte nachgelassen. Jeder hielt die Hände in das warme Wasser und staunte. Einige ganz Schlaue zogen die Schuhe aus und badeten ihre Füße. Herr Rehbein aber telefonierte sogleich vom Bürocontainer aus mit seinem Labor. Als er zum Brunnen zurückkehrte, gab es überhaupt keine Fontäne mehr. Entsetzt fragte er:
»Ist die Quelle bereits wieder versiegt? So schnell?«
»Nein, nein«, beruhigte ihn der Bohrmeister fachkundig. »Ich habe das Loch mit einem Ventil abgedichtet. Das wird den Druck schon aushalten. Wir wollen doch die Burg nicht zu einem Wasserschloss machen.«

Das fanden die Umstehenden witzig, sie lachten laut. Der Bohrmeister war wirklich sehr schlagfertig und humorvoll. Allmählich kehrte wieder Ruhe ein, und alle gingen zurück zu ihrer Arbeit.

Natürlich hatte Herr Rehbein seinen Laborkoffer nicht mitgebracht. Er wollte aber unbedingt Wasserproben mitnehmen. Also säuberte er zwei Plastikdosen, in die seine Frau belegte Brote gepackt hatte. Die würden den gleichen Dienst tun. Der Bohrmeister öffnete vorsichtig das Ventil ein wenig, sodass Herr Rehbein genügend frisches Wasser entnehmen konnte. Eilig fuhr er damit zur Stadt in sein Labor.

2. Fachleute diskutieren

Im Besprechungszimmer des Architekturbüros Neuhäusler saßen drei Damen und drei Herren um den großen, ovalen Konferenztisch. Herr Neuhäusler hatte um dieses Gespräch gebeten. Er rechnete damit, dass es länger dauern würde. Deshalb hatte seine Sekretärin auch Tassen und Thermoskannen mit Kaffee hingestellt.
Ziel dieser Zusammenkunft sollte sein, zu einer Entscheidung über die Zukunft der Thermalquelle zu kommen. Das sprudelnde, warme Wasser lechzte förmlich nach einer vernünftigen Verwendung. In Vorgesprächen waren sich die direkt Beteiligten einig geworden, dass ein Schwimmbad wohl die beste Lösung sein würde. Für ein solches Vorhaben fehlten aber die Geldmittel. Und ohne Zaster nützten die schönsten Pläne nichts.
Wollte man also das Thermalwasser sinnvoll nutzen, müsste möglichst bald eine Geldquelle gefunden werden.
Die Mittel für die Restaurierung der Burg und die Einrichtung des Landschulheims stammten von der Landesregierung und nur zu einem recht kleinen Teil aus dem Finderlohn für den Münzschatz, wie du aus dem ersten Band weißt. Für den Bau eines Schwimmbeckens war kein Geld vorgesehen. Wenigstens im Moment noch nicht. Deswegen hatte Architekt Neuhäusler zu dem heutigen Gespräch auch Frau Fuchs als zuständige Referentin der Landesregierung eingeladen. Er hatte das Treffen gut vorbereitet.
Alle Teilnehmer kannten das Problem, vor ihnen lag eine Analyse des Thermalwassers auf Burg Bronn.

Als Erste ergriff die Ärztin vom Gesundheitsamt das Wort: »Wir haben die Werte genau studiert, die uns das Labor für Wasser und Umweltschutz durchgefaxt hat. Das Wasser hat einen erfreulichen Anteil an Mineralstoffen und Spurenelementen wie Magnesium, Natrium und Fluor. Dazu kommt die Temperatur von 35 Grad Celsius, die nur knapp unter der von Badewasser liegt. Fassen wir alle diese positiven Daten zusammen, dann kann zweifelsfrei von einer gesundheitsfördernden Thermalquelle gesprochen werden. Nach unseren Erkenntnissen wirkt sich das warme Heilwasser besonders günstig auf Erkrankungen der oberen Luftwege aus. Es stärkt außerdem das Knochengerüst, fördert die Durchblutung und lockert durch seine Wärme die Muskulatur. Soweit wir wissen, soll das Landschulheim ganzjährig geöffnet sein. Also auch in der kalten Jahreszeit, in der Kinder besonders häufig unter Erkältungen wie Husten und Schnupfen leiden. Der Aufenthalt in diesem warmen Wasser würde sie stärken und widerstandsfähiger machen. Vom gesundheitlichen Standpunkt ist daher gegen den Bau eines Schwimmbades auf Burg Bronn nichts einzuwenden. Im Gegenteil, er wäre sogar sehr zu begrüßen.«

Bevor sich nun Herr Neuhäusler äußerte, dachte er im Stillen: »Die Ärztin hat einen guten Auftakt gegeben für unser Vorhaben. Hoffentlich geht das so weiter!«

Er erläuterte das Gutachten eines Sachverständigen, in dem dieser klipp und klar bestätigte, dass die Quelle mit Sicherheit noch viele Jahre weitersprudeln würde.

Dann kam Frau Busch, die Expertin für Landschaftsgestaltung an die Reihe. Sie betonte, auch aus ihrer Sicht gäbe es keine Einwände gegen den Bau eines Schwimmbades. Sie habe das ganze Burggelände geprüft und festgestellt, dass im südlichen Teil ein geradezu idealer Platz dafür vorhanden sei. Sie denke dabei an das Areal des früheren Küchengartens. Das Terrain dort sei groß genug, zudem rechteckig und eben. Der Aushub dürfte keine Schwierigkeit machen.

Architekt Neuhäusler nickte bekräftigend. Auch er hielt den Garten für den besten Platz.

Nun erhob sich der Vertreter der Baufirma, die sich auf die Errichtung von Schwimmbädern spezialisiert hatte. Er war besonders gut vorbereitet.

Gemeinsam mit der Dame von der Landschaftsgestaltung hatte er am Tag zuvor das Burggelände genau vermessen und mit ihr die in Frage kommenden Plätze durchdiskutiert. Sie hatten sich sogar schon über die Größe des Schwimmbeckens verständigt. Zwölf auf acht Meter schien ihnen für eine Schulklasse angemessen zu sein. Mehr Kinder würden sowieso nicht zur gleichen Zeit in das Haus aufgenommen.

»Am einfachsten und preiswertesten ist es natürlich, wenn wir das Becken mit einer robusten Plastikfolie auskleiden«, fuhr er fort. »Davon rate ich jedoch in diesem Falle ab. Bedenken Sie, hauptsächlich Kinder werden darin herumtollen. Die Gefahr, dass dabei die Folie beschädigt wird, ist einfach zu groß. Als Nächstes würden Fliesen in Frage kommen. Sie sehen zwar schön aus und sind auch besonders widerstandsfähig, leider aber ist ihr Preis auch wesentlich höher.«

Dabei zeigte er bunte Prospekte und Fotos in die Runde, um seine Aussagen zu unterstreichen.

»Deswegen schlage ich vor, das Becken aus Stahlbeton zu gießen und anschließend glatt zu verputzen. Ein blauer Spezialanstrich würde dazu gut aussehen. Das ganze ist strapazierfähig, dauerhaft und preisgünstig. Sehen Sie selbst!«

Abermals zeigte er Großaufnahmen verschiedener Schwimmbadtypen herum.

»Zum Abschluss erlaube ich mir, Ihnen eine genaue Berechnung der Kosten für die drei Möglichkeiten vorzulegen. Vergleichen Sie die Preise, bitte!«, schloss er seine Ausführungen und schob jedem ein übersichtlich vorbereitetes Blatt Papier zu.

»Alle Achtung«, dachte Herr Rehbein. »Der Bursche hat seine Hausaufgaben wirklich gut gemacht und an alles gedacht.«
Jetzt trat Ruhe ein. Die Anwesenden studierten die Unterlage und dachten über das Gehörte nach. Einige begannen, sich leise untereinander zu besprechen.
Herr Rehbein war ganz gespannt und klopfte nervös mit den Fingern auf den Tisch. Ob die Behörde wohl einen Zuschuss bewilligen würde? Das wäre wirklich zu schön! Ein Thermalbad würde das Landschulheim weiter aufwerten.
Und wie erstaunt wären erst die Jungen und Otto Stahlberg! Die wussten von der Entdeckung der warmen Wasserader noch gar nichts.
Herr Rehbein hatte sich kürzlich erkundigt, wie viele Landschulheime mit Schwimmbädern ausgestattet sind. Die Antwort lautete: Kein Einziges. Bademöglichkeiten gab es jeweils in der Nähe. Nur die großen Jugendherbergen besaßen häufig ein eigenes Freibad. Mit solch einem Haus konnte sich Burg Bronn natürlich nicht vergleichen. In den Herbergen wimmelte es meist von mehreren Klassen oder Jugendgruppen gleichzeitig. Dazu kamen zahlreiche Familien und Einzelpersonen, vor allem in den Ferien.
Flüsternd fragte er Herrn Neuhäusler neben ihm, wie er die Chancen für einen Zuschuss beurteile.
»Schwer zu sagen«, antwortete dieser mit ungewissem Achselzucken.
»Wissen Sie, das Hauptproblem sind die leeren Kassen der Landesregierung. Für die ist ein Schwimmbad in einem Landschulheim absoluter Luxus. Die Kinder können ja, wenn sie unbedingt schwimmen wollen, in das nächste öffentliche Freibad gehen. Ich weiß wirklich nicht, ob die Behörden mitmachen. Eine Ablehnung wäre verständlich. Herr Rehbein, mal ehrlich, das Schwimmbad da oben ist nicht unbedingt wichtig. Es geht auch ohne. Aber es wäre

natürlich fantastisch, wenn sich die Kinder auch im Winter draußen in einer warmen Therme tummeln könnten.«
Architekt Neuhäusler wies auf die kleine, ältere, sehr energisch wirkende Dame auf der anderen Seite des Tisches. Es handelte sich um Frau Fuchs, die Vertreterin der Landesregierung. Sie hatte sich bisher noch gar nicht zu Wort gemeldet, sondern nur aufmerksam den Darstellungen der anderen zugehört. Konzentriert war sie mit ihren Papieren beschäftigt.
»Frau Fuchs ist in unserer Runde die wichtigste Person. Sie sitzt am Geldhahn und kann durch ihre Empfehlung mitentscheiden, ob er sich für uns öffnet oder nicht.«

Die Dame nahm ihre Umgebung überhaupt nicht war. Sie blätterte in ihren Unterlagen, schrieb Zahlen auf und rechnete. Sie dachte nach, strich etwas durch, notierte neue Zahlen und holte schließlich ihren Taschenrechner hervor. Sie tippte ein, las ab, kratzte sich nachdenklich am Kopf und schrieb fleißig weiter. Plötzlich hob sie den Blick und fragte Herrn Neuhäusler, ob sie mal ungestört telefonieren könne.
»Natürlich, sehr gern«, antwortete dieser und führte sie herüber in sein eigenes Arbeitszimmer. »Bitte sehr, gnädige Frau, nehmen Sie Platz. Telefon und Schreibtisch stehen zu Ihrer Verfügung.«
Frau Fuchs setzte sich auf den bequemen Bürostuhl, breitete ihre Unterlagen aus und griff zum Hörer. Herr Neuhäusler verließ den Raum, zog sacht die Tür hinter sich zu und bat seine Sekretärin im Vorzimmer, die Dame an seinem Schreibtisch ja nicht zu stören.
Es dauerte sehr lange, bis Frau Fuchs endlich wieder in die Konferenzrunde zurückkehrte. Alle waren gespannt, was sie Neues mitbringen würde. Herr Rehbein versuchte, in ihrem Gesicht die Antwort auf seine Frage vorab zu lesen. Aber er konnte nur eine leichte Abgespanntheit darin erkennen, sonst nichts.

Augenblicklich wurde es still im Raum, und Frau Fuchs begann:
»Meine Damen, meine Herren, um es vorneweg zu sagen: Sie verlangen Unmögliches von uns. Ihr Vorhaben ist zwar lobenswert und hört sich auch gut an, aber es ist absurd. Wenigstens aus der Sicht der Bewilligungsstelle.
Erlauben Sie mir, dass ich Ihnen vier Gründe präsentiere, warum wir das Schwimmbad nicht genehmigen können.
Erstens: Man stelle sich vor, ein kleines Schülerheim, das jeweils nur eine einzige Klasse nebst zwei Lehrern beherbergen kann, soll ein Schwimmbad bekommen. Das ist reiner Luxus. Es ist viel zu teuer.
Zweitens: Der Schwachsinn geht weiter. Das Bad wird nicht einmal jeden Tag genutzt. Denken Sie doch an die vielen Wochenenden, die Feiertage und an die langen Ferien, wo sich hier oben rein gar nichts abspielen wird. Ich habe es vorhin durchgerechnet. Der Pool würde an den meisten Tagen des Jahres leer bleiben.
Drittens: Wir diskutieren hier über ein wetterabhängiges Außenbecken und nicht über ein geschütztes Hallenbad.«
Jetzt hob Herr Neuhäusler seinen Arm. Er wollte unbedingt eine Erläuterung geben zur Wahl des Außenbeckens. Aber Frau Fuchs winkte ab und fuhr unbeirrt fort:
»Herr Architekt, ich weiß schon, was Sie sagen möchten. Natürlich ist mir bekannt, dass Hallenbäder sehr viel teurer sind. Aber haben Sie eigentlich an das Klima hier bei uns gedacht? Die kühle Jahreszeit ist ziemlich lang. Wie sollen die Kinder nach dem schönen warmen Bad in ihren nassen Klamotten durch die Kälte zurück ins Haus kommen? Da sind doch massenhaft Erkältungen vorprogrammiert. Nicht auszudenken! Die Eltern würden sich beschweren, weil die Kinder krank aus dem Landschulheim zurückkämen. Vielleicht müsste der Schulunterricht anschließend sogar ausfallen.

Nein, nein, meine Damen und Herren, die Sache scheint mir nicht richtig zu Ende gedacht zu sein.
Ich komme zum vierten und letzten Einwand:
Von dem bischen Herumplanschen während nur einer Woche Landschulaufenthalt werden die Kinder auch nicht gesünder oder widerstandsfähiger. Da müsste schon eine richtige Kur durchgeführt werden, vier Wochen lang, und jeden Tag mehrmals längere Zeit ins Wasser.
Nein, nein, so wird das nicht laufen.
Um es kurz zu machen: Von Seiten der Landesregierung kann der Bau eines Thermalbades auf Burg Bronn, so wie Sie sich das vorgestellt haben, nicht unterstützt werden.«

Frau Fuchs machte eine Pause. Sie goss sich Kaffee ein, trank einen kräftigen Schluck und genoss die enttäuschten Blicke ihrer Zuhörer.
Die Runde ließ die Köpfe hängen und schaute ganz betreten drein. Besonders die Herren Neuhäusler und Rehbein kamen sich wie kleine Jungen vor, denen der Lehrer eine Standpauke gehalten hatte. Keiner wusste, was er sagen sollte.
Nun holte Frau Fuchs tief Luft und lächelte verschmitzt. Ihre Stimme klang viel sanfter, als sie jetzt fortfuhr:
»Meine Damen und Herren, ich fühle wirklich mit Ihnen. Es wäre jammerschade, dieses Gottesgeschenk, diese gesundheitsfördernde Therme nicht zu nutzen. Ich möchte Ihnen deshalb einen anderen Vorschlag unterbreiten, den wir im Ministerium schon durchdiskutiert haben.
Sie können nur dann mit einem Zuschuss rechnen, wenn Sie das Heilwasser auch für die Öffentlichkeit zugänglich machen.«
Herrn Rehbein gefiel diese Idee überhaupt nicht. Er wurde unruhig und wollte unterbrechen. Aber Frau Fuchs ließ auch ihn nicht zu Wort kommen. Sie schaute ihn kurz an und sagte bestimmt:

»Sie können beruhigt sein, Herr Rehbein. Ich verstehe Ihre Bedenken. Sie haben Angst, dass ein öffentliches Bad viele Besucher anzieht und zu viel Trubel bringt. Dann wäre es mit der friedlichen Idylle Ihres schönen Landheims da oben vorbei. Aber so haben wir uns das auch gar nicht vorgestellt.
Natürlich wollen auch wir kein Freibad mit Krach und Liegewiese, sondern ein ruhiges, beschauliches Plätzchen zum Erholen und Ausruhen für Kranke und ältere Leute. Die von Ihnen ausgewählte Stelle im Küchengarten lässt sowieso kein großes Becken zu.
In den Öffnungszeiten sehe ich ebenfalls kein Problem. An den Werktagen könnten es vormittags zum Beispiel die Erwachsenen nutzen. Nachmittags würde es dann ausschließlich den Schülerinnen und Schülern des Landschulheimes zur Verfügung stehen. An den Wochenenden, den Feiertagen und in den Ferien, wenn keine Schulklassen da sind, kann jeder herein, der den Eintrittspreis zahlt. Und der sollte nicht zu niedrig liegen. Sie müssen nämlich unbedingt daran denken, dass die Unterhaltung der Anlage eine ganze Menge Geld kosten wird. Und dafür gibt es keinen Zuschuss. Den gibt es nur für den Bau und die Einrichtung. Die laufenden Ausgaben müssen Sie mit den Einnahmen aus den Eintrittsgeldern bezahlen.«

An dieser Stelle machte Frau Fuchs wieder eine Pause und blickte gespannt in die Gesichter der Runde. Sie war neugierig, wie ihr Vorschlag aufgenommen würde.
Architekt Neuhäusler hatte Erfahrung mit Sitzungen dieser Art. Für ihn lief die Sache jetzt recht gut, und er meinte zu seinem Nachbarn:
»Na also, Herr Rehbein, es sieht doch gar nicht mehr so schlecht für uns aus.«
Der nickte zustimmend, er hatte den gleichen Eindruck. Leise tauschten beide ihre Ansichten über den Vorschlag

von Frau Fuchs aus. Nach Abwägung der Vor- und Nachteile fanden sie ihn recht interessant. Besonders, wenn man bedachte, dass der heiß ersehnte Zuschuss nur so zu erreichen war.

Abschließend bat Frau Fuchs nochmals ums Wort und fragte:

»Meine Damen und Herren, was halten Sie von meinem Vorschlag? Ich hoffe, Sie können sich damit anfreunden. Er stellt den einzig sinnvollen Weg dar, um das Schwimmbad zu verwirklichen. Wenn Sie zustimmen, kann das Geld fließen und auf das Baukonto der Burg Bronn überwiesen werden. Allerdings wird der Zuschuss des Ministeriums nicht ausreichen. Sie müssen selbst aktiv werden und noch zusätzliche Geldquellen auftun.«

Mit strahlenden Gesichtern nahmen die Herren Rehbein und Neuhäusler die Zusage für den Zuschuss auf. Hurra, es war geschafft! Die Freude war groß! Während des Gespräches hatten sie schon ihre Felle davonschwimmen sehen, besonders als Frau Fuchs ihre vier Gegenpunkte brachte. Jetzt sprangen sie auf und bedankten sich herzlich. Alle klatschten Beifall. Auch Frau Fuchs machte einen äußerst zufriedenen Eindruck.

Während der allgemeinen Begeisterung grübelte Herr Neuhäusler bereits darüber nach, wie man die fehlenden Geldmittel am besten beschaffen könnte.

Da hatte er plötzlich eine zündende Idee, besprach sich kurz mit Herrn Rehbein und rief dann fröhlich in die Runde:

»Bevor wir jetzt auseinander gehen, möchte ich Ihnen noch mitteilen, mein Nachbar und ich haben soeben die Gründung eines Vereins beschlossen. Er soll heißen »Freundeskreis Burg Bronn«. Mit Hilfe dieses Freundeskreises wollen wir zusätzliches Geld für das Schwimmbad auftreiben. Spenden sind stets willkommen! Auch die

Mitglieder-Beiträge sollen für den Bau eingesetzt werden. Lasst uns ordentlich die Werbetrommel rühren, damit möglichst viele Leute mitmachen! Großzügigen Spendern werden wir uns in besonderer Weise erkenntlich zeigen. Sie erhalten verbilligte Eintrittskarten, vielleicht sogar Freikarten.«

»Sehr lobenswert«, »Ausgezeichnete Idee«, ließen sich anerkennende Stimmen vernehmen.

»Wir sprechen die Geschäfte in der Fußgängerzone an und bitten um Spenden!«

»Die Sparkasse und die Banken werden bestimmt auch mitmachen.«

»Vielleicht können wir Schulfeste organisieren, deren Reinerlös für das Schwimmbad gestiftet wird.«

»Herr Rehbein, planen Sie doch ein großes Burgfest für die ganze Umgebung, wenn alles fertig ist. Da kommen bestimmt viele Leute. Das bringt garantiert eine Menge Geld!«

Alle redeten durcheinander, es wirbelte nur so von Vorschlägen.

»Wunderbar, Sie haben ja jede Menge Ideen«, lobte Frau Fuchs. »Das gefällt mir.«

Und zu Herrn Neuhäusler gewandt sagte sie:

»Geben Sie mir Bescheid, wenn der »Freundeskreis Burg Bronn« ins Leben gerufen wird. Ich werde dann auch Mitglied und freue mich schon jetzt auf eine verbilligte Eintrittskarte.«

Die Stimmung hätte nicht besser sein können.

Vollauf zufrieden schloss Herr Neuhäusler die Besprechung.

3. Ein Fax informiert

Vorsichtig bog Onkel Otto mit seiner kostbaren Fracht in die Auffahrt vor dem schmucken Haus der Browns ein. Ein wirklich sehr ereignisreicher Ausflug war zu Ende. Onkel Bob stand in der Haustüre und begrüßte die Rückkehrer freudestrahlend. Dabei wedelte er mit einem großen Blatt Papier.
Alle riefen Hallo, umarmten einander und waren glücklich, nach den aufregenden Erlebnissen wieder gut zu Hause angekommen zu sein. Ganz besonders erleichtert atmete Tante Betty auf. Wie froh war sie doch, dass niemand Schaden genommen hatte.
Onkel Bob freute sich am meisten. Die Kinder wollten natürlich sofort wissen, was das für ein Zettel sei, den er so eifrig hin und her schwenkte. Sie versuchten nach ihm zu schnappen. Doch der große Onkel hielt ihn mit seinen langen Armen über den Kopf, sodass selbst Peter mit seinem höchsten Hochsprung ihn nicht erreichen konnte.
»Ich erkenne Mamas Schrift auf dem Blatt«, rief Lausespitz erstaunt und kitzelte seinen Onkel unter der Achsel.
Dann kommandierte er:
»Los Peter, halt' ihn fest. Und du, Mäxchen, hilf mir!«
Aber es klappte nicht. Der Onkel war nämlich überhaupt nicht kitzelig und als starker Mann den drei Buben überlegen. Sie kamen an das Papier einfach nicht heran.
»Wir werfen dich in den Pool, Onkel Bob. Dann hast du keine Chance gegen uns«, rief Peter und streifte bereits seine Schuhe ab. Bevor noch die anderen seinem Beispiel folgen konnten, warnte der Onkel lachend:
»In den Pool? Das lasst mal schön sein! Dort wird der Zettel ganz nass und löst sich auf. Lesen könnt ihr ihn dann überhaupt nicht mehr. Ihr wollt doch wissen, was drauf steht, oder? Na also! Seid schön brav und nett zu mir, sonst stecke ich ihn noch in den Mund und esse ihn auf.«

Es musste wirklich etwas Besonderes sein mit diesem Stück Papier. Selbst Otto und Betty wurden nun neugierig:
»Mach's nicht so spannend, Bob! Erzähl' schon!«
Doch der spannte sie weiter auf die Folter.
»Nein, gerade das will ich nicht«, antwortete der Onkel grinsend. »Ladet mal zuerst schön das Auto aus. Dann setzen wir uns gemütlich auf die Terrasse.«
Was tut man nicht alles, wenn man neugierig ist! Schon nach zwanzig Minuten waren rucki-zucki Schränke, Fächer, Schubladen und Kühlschrank des Campers leer geräumt und die Betten abgezogen. Die Schmutzwäsche lag im Keller neben der Waschmaschine. Das Plastikgeschirr stand auf dem Küchentisch. Die Campingmöbel waren verstaut und kaum zu glauben, sogar die Kinder hatten ihre Sachen schon nach oben gebracht.
Jetzt saßen alle erwartungsvoll um den Terrassentisch herum und harrten der Dinge, die da kommen sollten.
Bob hatte jedem eine große Portion Eiscreme hingestellt. Das regte Mäxchen an zu fragen:
»Onkel Bob, hat die Mama vielleicht geschrieben, dass du uns jetzt immer Eis richten sollst?«
Alle kugelten sich vor Lachen. Lausespitz ließ seinen Bruder den Ellebogen spüren und fauchte ihn an:
»Du bist und bleibst ein Halbidiot. So ein Schwachsinn! Glaubst du im Ernst, Mama würde für dich Speisepläne schicken?«
Die guten Vorsätze, mit Mäxchen in Zukunft sanfter umzugehen, hatten sich längst in Luft aufgelöst.

Mäxchen war der Einzige, der andächtig sein Eis löffelte. Die anderen waren viel zu aufgeregt und zappelten auf ihren Stühlen herum.
»Bitte, bitte, lies jetzt endlich vor! Wir haben doch alles aufgeräumt, Onkel Bob.«

Der zog nun in aller Ruhe aus seinem Jeanshemd die geheimnisvolle Nachricht heraus und faltete sie langsam und genüsslich auseinander. Er schaute auf die Brüder und bestätigte:
»Ja, es stimmt. Dies ist ein Fax von eurer Mutter aus Deutschland.«
Dann wandte er sich an seine Frau:
»Betty, bitte lies du vor. Du kannst besser deutsch als ich. Außerdem hat deine Schwester so eng und kleingeschrieben. Mir tun fast die Augen weh. Sie wollte wohl alles auf eine Seite kriegen, damit das Fax nicht so teuer wird.«
Klar, dass Betty den Zettel sofort nahm. Sie war doch selbst gespannt wie ein Regenschirm. Und sofort begann sie vorzulesen:

»Ihr Lieben alle!
Wir sind sehr, sehr froh, dass Eure irren Erlebnisse am Grand Canyon zu einem guten Ende gekommen sind. Entsetzlich, wenn ihr Mäxchen nicht wieder gefunden hättet oder das Flugzeug nicht so glücklich auf dem Blätterdach gelandet wäre!
Aber nicht nur ihr habt aufregende Sachen erlebt. Auch bei uns ist etwas sehr Überraschendes passiert.
Stellt euch vor, auf Burg Bronn wurde eine Thermalquelle entdeckt! Im Burghof beim Bohren nach Wasser im alten Brunnen stieß man auf eine Wasserader. Sie ist 35 Grad warm! Das ist kein Aprilscherz! Ihr dürft mir glauben! Es ist wirklich eine Thermalquelle! Die Amtsärztin meint, das Wasser sei sehr gesund. Wir bauen ein Schwimmbad im alten Küchengarten. Wenn wir die nächsten 95 Jahre darin schwimmen, werden wir alle garantiert über hundert Jahre alt!
Das Landschulheim wird rechtzeitig fertig. Wir ziehen also noch vor Schulbeginn um. Eure Zimmer sehen super aus. Peter und Lausespitz, kürzlich traf ich den Schulleiter von

Eurem Gymnasium. Wir haben was ganz Tolles besprochen. Ratet mal, welche Klasse als zweite Gruppe gleich nach der Klasse von Frau Hasenclever ins Landschulheim auf die Burg kommt?
Und liebes Mäxchen, für dich habe ich auch etwas zum Raten: Was meinst du, welche Klasse dann als Zweite folgt?
Genießt noch schön die letzten Tage bei Tante Betty und Onkel Bob. Erholt euch gut. Hier erwartet euch viel Arbeit.
Otto, mein Mann wartet sehnsüchtig auf Ihre Rückkehr!
Liebe Betty, lieber Bob, vielen Dank für alles, was ihr für die Kinder getan habt! Ihr seid herzlich eingeladen, zur Einweihung unserer Burg zu kommen.
Herzliche Grüße von allen bei uns an alle bei euch! Eure Mama / Helga«

Tante Betty war fertig mit Vorlesen und legte das Fax nieder. Am Tisch herrschte ungewöhnliche Stille. Die Gedanken der Kinder eilten zurück in die Heimat, den steilen Weg hoch zur Burg. Sie stellten sich vor, wie dort oben das warme Wasser aus der Erde sprudelte. Sie waren so gedankenverloren, dass ihnen gar nicht auffiel, wie ihr Eis zu einer unansehnlichen Brühe zusammenschmolz.
Die Erwachsenen wunderten sich, dass die Kinder so ruhig blieben. Sie hatten eigentlich etwas mehr Begeisterung erwartet.
»Freut ihr euch denn nicht auf den warmen Pool direkt vor eurer Haustür?«, wollte Onkel Bob wissen.
»Ich glaube«, erwiderte Otto Stahlberg an Stelle der Kinder »dass die Drei in den letzten Tagen einfach zu viel erlebt haben. Die sind voll bis oben hin. Ihr Hirnkasten steht kurz vorm Überlaufen. Ich bin auch gar nicht sicher, ob sie sich unter einer Thermalquelle überhaupt etwas vorstellen können.«

Bob schaute die Jungen verwundert an: »Dem kann abgeholfen werden, wenn ihr wollt. Na, was meint ihr?«
Die Bemerkungen der Männer rüttelte die Kinder wieder auf. Es stimmte schon, mit Thermalwasser kannten sie sich nicht so genau aus.
»Hat das vielleicht was mit einer Thermoskanne zu tun?«, meldete sich Mäxchen altklug.
Die Erwachsenen mussten lachen, und Onkel Bob begann zu erklären:
»Eine Thermalquelle ist eine Quelle, deren Wasser warm aus der Erde tritt. Das Wort Thermal stammt aus dem Griechischen und heißt warm. Ihr seht, Mäxchens Frage war gar nicht schlecht. Eine Thermoskanne hält zum Beispiel Kaffee warm. Das warme Wasser kommt meist aus tiefen Erdschichten, wo es sehr heiß ist.
In solchem Wasser sind meist Mineralien und andere Elemente gelöst. Das hängt davon ab, durch welche Gesteinsschichten es auf seinem langen Weg an die Erdoberfläche geflossen ist.
Deswegen hat es zuweilen auch eine leicht bräunliche oder gelbliche Farbe. Manchmal riecht es sogar etwas unangenehm, zum Beispiel nach faulen Eiern. Das liegt dann am Schwefelgehalt.«
Jetzt mischte sich Tante Betty ein:
»Das Interessante an Thermalwasser ist, dass es wegen der darin gelösten Stoffe gewisse Krankheiten lindern oder sogar heilen kann. Rheumapatienten zum Beispiel tut es sehr gut. Auch Hautausschläge und Rückenbeschwerden verschwinden oft.
Als junge Krankenschwester habe ich in einem Sanatorium gearbeitet, das an einer solchen Therme lag. Der Laie ahnt nicht, welche Erfolge wir mit Behandlungen und Übungen im warmen Wasser erzielt haben.
Aber man muss auch aufpassen mit diesem Wasser. Ihr dürft nicht stundenlang drin bleiben. Die Wärme und die

gelösten Mineralien können den Körper ermüden. Ihr könntet sogar schlapp machen darin und untergehen.«
Die Kinder hatten interessiert zugehört. Sie wussten jetzt genau, was für Wasser da oben auf Burg Bronn aus der Erde kam. Der letzte Satz der Tante hatte eine magische Wirkung auf sie. Obwohl sie nicht im warmen Wasser lagen, fühlten sie sich jetzt richtig schlapp.
Mäxchen fielen schon die Augen zu. Sie hatten ja auch einen langen, anstrengenden Tag hinter sich. Und so meldeten sich alle Drei ganz freiwillig ab. Sie verschwanden mit einem kurzen Gutenachtgruß in ihre Betten.

IX.
Glückliche Heimkehr

1. Erinnerungen zwischen Umzugskisten

In Lausespitzens neuem Zimmer sah es schlimm aus. Große und kleine Umzugskartons standen kreuz und quer herum und mussten ausgepackt werden.
Als Frau Rehbein gleich nach der Rückkehr ihrer Söhne aus Amerika damit begann, den Umzug zur Burg Bronn vorzubereiten, versprach Lausespitz seiner Mutter in einem Anflug von Großzügigkeit, er wolle alle seine Kartons selbst leerräumen. Frau Rehbein nahm dieses Angebot natürlich mit Freuden an. Sie hatte heute sowieso mehr als genug andere Arbeit, einen Tag nach dem Umzug und fünf Tage vor der Hochzeit von Peters Mutter mit Otto Stahlberg.
Also packte Lausespitz jetzt seine Wäsche selbst in die Kommode, Hosen und Pullover in den Schrank. Er fand, dass dies unendlich viel Zeit in Anspruch nahm. Richtig sauertöpfig wurde er. Für diese Art von Arbeit hatte er überhaupt nichts übrig. Sie lag ihm einfach nicht.
Da war das gestern mit den Möbelpackern etwas ganz anderes. Es hatte richtig Spaß gemacht, mitanzufassen und den Männern zu helfen.
Manche weniger schwere Stücke trug er allein und ohne fremde Hilfe in die neue Wohnung im Anbau der Burg. Sogar seinen randvoll gepackten Koffer schleppte er selbst hinauf in sein Zimmer.

Die Männer machten die ganze Zeit Witze. Es gab immer etwas, worüber sie lachten. Als sich der kräftige Theo den großen Karton mit den vielen Bänden der Brockhaus Enzyklopädie auf die Schultern wuchtete, fragte ihn Lausespitz, ob die Bücher nicht zu schwer wären?

»Woher denn! Ihr Buben lest heutzutage doch nur noch leichte Lektüre!«, lautete seine humorvolle Antwort. Sie wurde vom schallenden Gelächter des Packerteams begleitet.

Aber heute war die Lage ganz anders. Er musste solo arbeiten. Niemand war bei ihm. Das war nichts für den Sohn seiner Mutter. Ganz alleine Wäsche und Kleider einräumen, wie ätzend! Er konnte sich nichts Langweiligeres vorstellen.

Hätte er nur mal nicht so vorschnell seiner Mutter das großzügige Versprechen gegeben. Längst bedauerte er es.

Endlich kam seine Bücherkiste dran. Das war schon besser. Die packte er viel lieber aus. Seitlich steckte eine Plastiktüte, an deren Inhalt er ganz besonders hing. Enthielt sie doch die gesammelten Prospekte der Amerikareise, besondere Ansichtskarten und Tickets.

Er hatte gerade den Inhalt der Tüte auf einen freien Fleck am Boden ausgeschüttet, als Peter hereinkam. Der schwenkte eine ähnliche Tüte und rief fröhlich:
»Mach mal Pause! Lass uns in der Vergangenheit schwelgen!«
Lausespitz wusste natürlich, was Peters Tüte enthielt, und so antwortete er munter:
»Das trifft sich ja gut. Gerade habe ich meine Prospekte ausgebreitet und wollte sie ansehen. Du kommst goldrichtig, denn zu zweit mit dir macht das viel mehr Spaß.«
Im Nu hatten sich die Freunde genügend Platz auf dem Fußboden geschaffen und wühlten vorsichtig in den Blättern herum.
»Schau mal da, der Pyramidenbau von BIO 2«, sagte Peter und nahm eine Ansichtskarte in die Hand. »Das ist ein super Ausflug gewesen!«
Lausespitz fischte aus seinem Papierstoß ein Bild heraus und zeigte es Peter:
»Und hier der Regenwald. Weißt du noch, wie schwül und feucht es da drinnen war, und wie wir fürchterlich schwitzen mussten?«
»Guck mal, da sind die kleinen Schweine von der Farm«, rief Peter und hob ein Foto hoch.
Dann schlugen beide ihre großen Prospekte vom Grand Canyon auf. Prächtig lagen die rotbraunen Felsenschluchten in Breitformat vor ihnen.
»Ja, genau so hat es ausgesehen, als wir mit Jim drüber geflogen sind auf der Suche nach Mäxchen«, erinnerte sich Lausespitz.

Peter ergänzte: »Das war noch vor der Landung auf dem Blätterdach.«
»Ach Peter, schau mal, der kleine Kolibri. Wie flink der mit den Flügeln schlägt. Erinnerst du dich an die Indianergeschichte, die Tante Betty uns im Museum erzählt hat?«
»Na, aber klar doch, bei mir rieselt noch kein Kalk!«, antwortete Peter entrüstet.
»Und hier, weißt du, was das ist?«, fragte er den Freund.
»Das ist leicht, das weiß doch jeder«, mischte sich plötzlich Mäxchen in das Gespräch. Er war unbemerkt hereingekommen und erkannte sofort die Karte. »Das ist Montezuma Castle.«
»Mein Bruder trieft vor Schläue«, gab Lausespitz wohl wollend zurück. »Seitdem unser Kleiner in die Schule darf, nimmt sein Hirnumfang von Tag zu Tag zu.«
Voller Interesse lag Mäxchen nun ebenfalls neben den beiden auf dem Boden, deutete auf ein Kaktusbild und meinte:
»Wisst ihr noch, wie wir auf unseren Rennpferden durch den dichten Kakteenwald galoppierten?«
»Na ja, auf Rennpferden durch stachelige Kakteen galoppiert, das ist wohl leicht übertrieben. In Wirklichkeit bewegten wir uns ganz gemächlich auf zahmen Ponys durch die Gegend. Aber das ist fast dasselbe. Wir wollen nicht kleinlich sein mit dir, Bruderherz«, stellte Lausespitz wohl wollend richtig.
»Sieh da, du hast ja den Speiseplan vom Rückflug mitgenommen«, rief Peter seinem Freund erstaunt zu und zog eine feierlich mit leckeren Essensnamen beschriftete Karte heraus.
»Zeig mal her. Die kann ich euch schon vorlesen«, meinte Mäxchen selbstbewusst und nahm sie Peter vorsichtig ab.
»Was du nicht sagst. Und das nach einer Woche Schule. Also, zeig mal, was du kannst!«, forderte ihn Lausespitz auf.

Der las übermütig und flüssig vor:
»Orangensaft mit Nüssen, zu wenig Pudding und kaum rote Soße. Grüner Salat mit Cremedöschen, das keiner aufkriegt. Zwei große Stücke Fleisch, davon eines für Onkel Otto und komische Kartoffeln. Eingepackter Käse mit Butter und ekligem Krümelbrot.«
Die Freunde kugelten sich vor Lachen über Mäxchens Lesekünste, und Peter witzelte:
»Kompliment, Mäxchen, du bist und bleibst ein Genie!«
Stolz zog dieser erhobenen Hauptes wieder ab.

Lausespitz nickte zustimmend und meinte: »Sei froh, Peter, dass du keinen jüngeren Bruder hast. Es ist ein Kreuz mit ihm.«
»Na, na, so schlimm kann es wohl nicht sein! Wenn ich daran denke, wie nah dir Mäxchens Entführung gegangen ist! Ich möchte fast wetten, dass du sogar gegen zwei jüngere Brüder nichts einzuwenden hättest«, lautete dessen Antwort.
Da hatte Lausespitz eine Idee:
»Du, Peter, weißt du was, ich teile ab sofort Mäxchen mit dir. Jetzt, wo wir praktisch unter einem Dach wohnen, kannst du gern mehr Erfahrungen mit ihm sammeln.«
»Abgemacht! Ich nehme dein Angebot an«, rief dieser fröhlich. »Meine Familie wird von Tag zu Tag größer. Heute spendierst du mir einen Bruder, und in fünf Tagen kriege ich auf dem Standesamt einen Vater.«
Lausespitz schaute auf seinen Freund. Er erinnerte sich an den ersten Tag ihrer Freundschaft:
»Ich weiß noch genau, wie du zum ersten Mal von meiner neuen Schule mit mir heimgelaufen bist. Und wie wir dann mittags bei uns in der Küche Salamibrot gespachtelt haben. Damals hast du erzählt, du bräuchtest gar keinen Vater. Du hättest deine Mutter, und das würde dir reichen. Aber ich habe gespürt, dass du das nur so locker daher gesagt hast.«

Peter knuffte Lausespitz und gab zu:
»Ein Freund merkt eben alles. Und du bist wirklich mein großer, echter Freund, Lausespitz.«
»Und du bist meiner, Peter«, bestätigte Lausespitz mit einem ebenso herzhaften Knuff und fuhr fort:
»Die Versetzung meines Vaters war das Beste, was mir passieren konnte, obwohl ich zuerst gar nicht weg wollte von München.«

Die Freunde stopften Prospekte und Ansichtsmaterial wieder in ihre Tüten und unterhielten sich dabei über ihre neue Schule, die sie seit Schulbeginn zusammen besuchten.
Lausespitz betonte, wie angenehm es sei, wenn man zum Schulwechsel seinen besten Freund gleich mitnehmen könne. Und wie viel besser es sei, wenn für die ganze Klasse das Schulgebäude, die Lehrer und auch alle Fächer komplett neu wären.
»Klar, wir müssen jetzt mehr lernen. Aber trotzdem wechsele ich lieber in eine weiterführende Schule. Das ist viel einfacher, meine ich wenigstens. Mitten im Jahr in eine andere Schule zu gehen ist blöd. Schau, bei Schuljahrbeginn stellen sich alle neuen Lehrer und Lehrerinnen vor, wenn sie zum ersten Mal in die Klasse kommen. Als ich vor knapp einem Jahr in deine Klasse kam, musste ich mich überall vorstellen. Und das habe ich gar nicht gern gemacht. Ich kriege dann immer einen knallroten Kopf.«
»Das hast du also gemerkt?«, erinnerte sich Peter.
»Logo, ich habe doch gespürt, wie meine Backen immer heißer wurden.«

Inzwischen waren sie in der Diele der Rehbeinschen Wohnung. Mäxchens Zimmertüre stand weit offen. Er saß am Schreibtisch und machte seine Hausaufgaben im Lesen. Beim Vorbeilaufen kriegten sie genau mit, wie er

mühsam und stockend übte: »Ma-ma, Mo-mo, Mi-mi. Ma-mo-mi. Mau-mau.«
Zwischendurch schimpfte er immer wieder vor sich hin, weil er dauernd Fehler machte und sich verlas.
Als Mäxchen die Freunde kommen hörte, klappte er sein Buch zu. Er war froh über die willkommene Ablenkung und fragte:
»Wohin geht ihr? Kann ich mit?«
»Ich begleite nur Peter zurück nach Hause«, beruhigte ihn Lausespitz, und Peter ergänzte einladend:
»Wenn du willst, kannst du mitkommen. Los, let's go!«, und er wollte seinen neuen Halbbruder mit sich fortziehen.
Da meldete sich zur Überraschung der Jungen plötzlich Frau Rehbein. Man sah sie zwar nicht, sie schien aber alles mitzukriegen. Aus einer Ecke des Wohnzimmers, wo sie gerade Gardinen aufhängte, mahnte sie:
»Maximilian, du wolltest doch Lesen üben!«
Mäxchen rollte ärgerlich die Augen, erwiderte aber so sanftmütig wie er nur konnte in Richtung Wohnzimmer:
»Ja, Mama, du hast Recht. Ich gehe ja schon.«
Zu den Jungen gewandt schnitt er aber eine fürchterliche Grimasse und fluchte halblaut zwischen den Zähnen:
»Immer diese Scheiß Leserei! Die macht mir überhaupt keinen Spaß mehr.«
Schmollend und enttäuscht zog er sich in sein Zimmer zurück.

2. Hochzeitsfeier auf der Burg und Happyend

Die Tage bis zur Hochzeit verliefen wie im Fluge und waren voll gepackt mit Arbeit. Die beiden Familien Rehbein und Stahlberg legten ihren Ehrgeiz hinein, bis zu diesem Tag alles tip-top fertig zu haben.

Frau Eimerle, die längste Zeit hieß sie so, und ihre flinken Raumpflegerinnen brachten die Räume des Landschulheims auf Hochglanz. Es strahlte und spiegelte überall.

In den zwei Schlafsälen, einer für Mädchen, der andere für Jungen, überzogen sie die Etagenbetten mit karierter Wäsche. Schränke und Nachtkästchen wurden sauber ausgewischt.

Auch die beiden Lehrerzimmer standen für Übernachtungen bereit. Die Dusch- und Waschräume glänzten blitzeblank.

Der Aufenthaltsraum mit seinen bequemen Sitzgruppen lud zum Verweilen ein. Der große, offene Kamin und die warmen Holzwände machten ihn urgemütlich.

Den Speisesaal aber hatte das Putzgeschwader besonders sorgfältig gereinigt. Hier sollte das Hochzeitsfest stattfinden. Als Letztes hängte Otto Stahlberg noch Bilder an die Wände und stellte große Keramiktöpfe mit Grünpflanzen auf.

In der Küche, die sich anschloss, regierte Frau Emilia. Das war ihr ureigener Bereich. Hier sorgte sie selbst für Sauberkeit und Ordnung. Das ließ sie sich nicht nehmen. Zwei Mädchen halfen ihr, und man muss schon sagen, sie verstand es großartig, die beiden ständig auf Trapp zu halten.

Die Küchenschränke waren voll mit Geschirr, Besteck und Töpfen jeglicher Größe. Die Vorratskammern quollen fast über, so gut hatte die Chefin sie gefüllt, ebenso die Gefriertruhen und Kühlschränke. Alles wartete auf den Ansturm

der ersten Schulklasse. Sie sollte in Kürze eintreffen. Frau Emilia stand im Startloch und war bereit, zur Eröffnung die leckersten Sachen zu servieren.
Mutter Rehbein hatte die Arbeit an ihrem Schreibtisch aufgenommen. Ihr oblag die gesamte Organisation des Landschulheims. Endlich konnte sie wieder Büroluft atmen! Dazu noch so nah von Zuhause. Sie brauchte nur die Treppe hoch und über den Flur in den Anbau zu gehen. Noch nie hatte sie eine so günstig gelegene Arbeitsstelle. Telefon, Faxgerät und ein PC erleichterten ihr das Schaffen. Sie war glückselig und freute sich auf die Arbeit.

Besonders stark beschäftigt seit der Rückkehr aus USA war Otto Stahlberg. Schon in Amerika begann er zu überlegen und Ideen zu wälzen, als er von der Therme auf Burg Bronn erfuhr. Er schwärmte für ein Gewächshaus. Das wollte er unbedingt haben. Es musste ja nicht gleich so riesig sein wie die Glashallen von BIO 2. Wäre es nicht eine Sünde gewesen, das kostenlose, warme Wasser nur für ein Schwimmbad zu nutzen? Es lag doch nahe, damit auch noch ein Gewächshaus zu heizen.
Glücklicherweise fanden seine Pläne bei den Fachleuten Zustimmung und Unterstützung. Schon bald sollte damit begonnen werden, im warmen Klima des Glashauses rund ums Jahr frisches Gemüse und Obst für die Schulküche anzubauen.
Das alles konnte Herr Stahlberg unmöglich alleine schaffen. Er brauchte unbedingt Hilfe, denn als Hausmeister war er außerdem für den ordnungsgemäßen Zustand der gesamten Burganlage verantwortlich. Er musste die elektrischen Anlagen und Geräte warten, dazu kam die Pflege des Schwimmbades, das in Kürze fertig sein sollte sowie die Betreuung des Gartens.
In einem ausführlichen Gespräch zwischen ihm und Herrn Schlosser, dem Leiter der Vollzugsanstalt, wurde eine tolle

Idee geboren. Die beiden Herren meinten, es würde den Gebrüdern Lang eigentlich viel mehr bringen, hier oben fleißig zu arbeiten, als stumpfsinnig in der Gefängniszelle herumzugammeln. Unter der Aufsicht von Herrn Stahlberg sollten sie gärtnerisch tätig werden und ihm auch sonst kräftig zur Hand gehen. An Geschick für Handarbeit fehlte es den Zweien ja nicht, das hatten sie bei dem Bankeinbruch bewiesen.
Ede und Olli Lang waren begeistert, als sie auf dieses Vorhaben angesprochen wurden. Endlich mal etwas Abwechselung im eintönigen Gefängnisalltag! Das durften sie nicht vermasseln. Und so verhielt sich Ede jetzt seinem Bruder gegenüber zahm wie ein Vögelchen. Die ewigen Streitereien mussten sofort aufhören. Sie durften ihre einmalige Chance nicht durch schlechtes Benehmen aufs Spiel setzen.

Endlich waren die Wohnungen der beiden Familien vollständig eingeräumt. Alles stand an seinem Platz. Es sah bereits richtig gemütlich darin aus.
Lausespitz konnte aus seinem Fenster auf die hügeligen Weinfelder unterhalb des Burgberges und auf die kleine Stadt blicken, wo die Großeltern lebten. Deutlich erkannte er das breite Flachdach des Krankenhauses. Etwas weiter links entdeckte er mitten im Gewirr der Dächer ein altes, hohes Gebäude. Es stand frei auf einem weiten Platz, den mächtige Bäume wie ein Bild einrahmten.
»Das muss mein Gymnasium sein«, überlegte er. Interessiert schaute er genauer hin. Jetzt erkannte er durch die Bäume den modernen Anbau, in dem sich sein Klassenzimmer befand. Weiter hinten, im neuen Wohngebiet, musste wohl das Haus der Großeltern liegen. Er wusste, dass sie einen großen Garten hatten, und so versuchte er, das Anwesen ausfindig zu machen. Es gelang ihm aber nicht. Zu schlecht war die Sicht aus dieser Entfernung.

»Vielleicht sollte ich mir zu Weihnachten ein Fernglas wünschen, wenn es nicht zu teuer ist«, überlegte er. »Dann kann ich von hier oben dem Großvater bei der Gartenarbeit zuschauen. Und ich sehe, wenn Großmutter draußen den Kaffeetisch deckt.«

»Hallo, Lausespitz«, rief da Peter von seinem Fenster zu ihm herüber. Es lag auf gleicher Höhe, aber über Eck, sodass die Freunde sich gut im Blick hatten. »Kannst du etwas Besonderes sehen?«, wollte Peter wissen.

»Ich habe gerade da unten im Ort unser Gymnasium entdeckt. Aber alles ist so weit weg. Ich brauche eigentlich ein Fernglas. Dann kann ich vielleicht sogar einzelne Leute auf den Straßen erkennen.«

»Das wäre toll, Lausespitz! Mit dem Fernrohr könnten wir versuchen, in das Lehrerzimmer unserer Schule zu schauen. Wenn es scharf genug wäre, lassen sich vielleicht sogar die Noten unserer Klassenarbeiten lesen.«, ließ Peter seiner Fantasie freien Lauf.

»Und wenn wir erst wissen, wo unsere Klassenkameraden wohnen, würden wir durchs Fenster schauen und prüfen, ob sie fleißig über ihren Hausaufgaben sitzen.«, spann Lausespitz den Faden weiter.

»Das kann ja lustig werden! Wir müssen unbedingt ein Fernglas organisieren!«

Dann wechselte Peter das Thema und fragte:

»Wie viel Uhr ist es eigentlich? Ich glaube, es wird langsam Zeit fürs Standesamt. Hast du dich schon in Schale geschmissen?«

»Noch nicht. Aber du hast Recht, es wird höchste Zeit.«

Und damit verschwanden beide Köpfe in den Zimmern.

Unterdessen herrschte bei den Erwachsenen geschäftiges Treiben. Besonders die Damen waren ganz aufgeregt. Tante Betty stellte zu ihrem Entsetzen fest, dass sie ihre Stöckelschuhe in Amerika vergessen hatte. Sie war ganz

verzweifelt. Was sollte sie nur machen? Zur Hochzeit ohne ihre eleganten Schuhe?
Sehr gern waren sie und Onkel Bob der Einladung zur Vermählung von Otto Stahlberg mit Evi Eimerle gefolgt. Nur vierzehn Tage später als die Kinder hatten sie im fernen Arizona das Flugzeug nach Deutschland bestiegen. Sie wollten unbedingt das freudige Ereignis ihres hoch geschätzten Ottos und seiner Evi mitfeiern. Natürlich waren sie auch ganz besonders begeistert über das Wiedersehen mit ihrer Familie, den Eltern, der Schwester und dem Schwager, die sie so lange nicht gesehen hatten. Am meisten aber freuten sie sich auf die Kinder, obwohl die sich erst vor zwei Wochen von ihnen verabschiedet hatten. Während der kurzen Zeit ihres Besuches waren sie ihnen fest ans Herz gewachsen.
Evi und Otto hatten sich ausdrücklich gewünscht, ihre Vermählung nur im kleinen Freundeskreis auf Burg Bronn zu feiern. Und so geschah es auch.

Es war ein wunderschöner, wolkenloser Herbsttag. Die Sonne verwöhnte noch einmal mit ihren warmen Strahlen die saftige Pracht der Trauben. Bald würde die Weinlese beginnen.
Es war um die Mittagszeit. Evi Eimerle hatte ihren alten Namen abgelegt und hieß jetzt Frau Stahlberg. Eine schlichte, kurze Feier im Standesamt der Stadt lag hinter ihnen.
Nun fuhr die kleine Hochzeitsgesellschaft in fröhlicher Stimmung zurück zur Burg. Obwohl sie keinen großen Bahnhof wünschten, hatte sich das festliche Ereignis im Bekanntenkreis doch herumgesprochen. Auch Harald Schreiber hatte Wind davon bekommen. Für ihn als erfahrenem Reporter war es eine Kleinigkeit, Uhrzeit und geplanten Ablauf der Feier zu erfahren.

Er wartete mit gezückter Kamera im Burghof. Dort hatten sich auch drei Polizisten, Kollegen von Herrn Stahlberg, mit ihren Trompeten eingefunden. Das kleine Empfangskomitee hatte sich auf den Eingangsstufen postiert.
Da bogen auch schon die Autos langsam in den Burghof ein. Unter den Klängen des Hochzeitsmarsches von Mendelssohn stiegen die Frischvermählten mit ihrer Begleitung aus. Wie schick sah Evi Stahlberg in ihrem taubenblauen Kostüm aus! In der Hand hielt sie einen bunten Hochzeitsstrauß.
»Herzlichen Glückwunsch! Eine lange, glückliche Zukunft!« gratulierten begeistert die Wartenden und klatschten Beifall. Alle strahlten, und es gab viele Umarmungen. Otto wollte gerade seine junge Angetraute galant am Arm die Treppe zum Eingang hochführen. Da rief Onkel Bob: »Come on, my friend, you can do much better!« Dabei streckte er seine Arme so vor, als wenn er jemanden tragen würde. Otto verstand, was sein Freund damit andeuten wollte.
Auf das ermunternde Gelächter hin nahm er die zierliche Evi auf seine starken Arme und trug sie unter lautem Beifall die Stufen hoch. Stolz folgte ihnen Peter, flankiert von Lausespitz und Mäxchen. Die Trauzeugen Herr und Frau Rehbein schlossen sich an. Das Schlusslicht bildete Ura, die sich der festlichen Stunde des Tages anpasste und auf ihren vier Beinen würdevoll nach oben tapste.
Harald Schreiber war äußerst busy. Flink lief er hin und her, schoss viele Fotos und hielt jeden Schritt für das Familienalbum fest.

Drinnen in der Burg empfing Frau Emilia die Hochzeitsgesellschaft mit perlendem Sekt und einem lukullischen, kalten Buffet. Als ältester Gast bat Großvater Jung um Ruhe und brachte in wohlgesetzten Worten einen Toast auf das Hochzeitspaar aus. Die Gläser klangen, und alle

ließen sich die köstlichen Leckereien von Frau Emilia schmecken. Die Trompeter der Polizei erfreuten mit musikalischen Einlagen und heizten mit ihren flotten Weisen die Stimmung weiter an. Das Ganze war eine runde, harmonische Feier.
Bald legten die Paare sogar eine kesse Sohle aufs Parkett. Die Männer schwangen ihre Frauen zum Rhythmus der Musik. Auch die Kinder hüpften begeistert mit. Sie fühlten sich in Hochform.
Langsam jedoch schwanden ihre Kraftreserven, sie wurden müde.
Mäxchen hielt als Erster inne und rief Peter und seinem Bruder zu:
»Habt ihr schon gesehen, auf dem Tisch steht auch eine große Schüssel von Tante Bettys Montezuma Salat. Er schmeckt richtig nach Amerika. Ihr müsst ihn unbedingt probieren!«
Er hatte nämlich schon längst mit dem Finger daran genascht.
Das ließen sich die beiden nicht zweimal sagen. Mäxchen beobachtete, wie sie ihre Teller bis zum Rand füllten und nach draußen verschwanden. Er wollte natürlich dabei sein und folgte ihnen auch mit einem hochbeladenen Teller. Nun saßen die drei auf den Eingangsstufen und mampften mit Hochgenuss. Ura war ihnen gefolgt und vergnügte sich mit einem Knochen.

Inzwischen war es später Nachmittag geworden. Die sinkende Sonne tauchte den Burghof in goldfarbenes Licht. Lausespitz deutete auf den Bergfried und meinte nachdenklich:
»Da drüben im Gewölbe hat alles begonnen. Es ist gerade mal ein Jahr her, dass wir die Schatztruhe fanden. Was haben wir in der Zwischenzeit nicht alles erlebt!«
Und Peter fuhr fort sich zu erinnern:

»Wisst ihr noch, wie Lausespitz als Erster auf die Idee mit dem Landschulheim kam? Heute ist es schon fertig gebaut, und wir wohnen bereits darin.«

Mäxchen musste natürlich auch seinen Senf dazu geben und meinte:

»Und dann haben wir auch noch die Bankräuber gejagt.«

Lausespitz und Peter waren sehr nachdenklich geworden. Sie reagierten nicht auf Mäxchens Einwurf und hingen ihren eigenen, tiefer gehenden Gedanken nach.

Peter stellte sich vor, wie schön es jetzt würde, endlich wieder in einer richtigen Familie mit Vater und Mutter zusammen zu sein.

Lausespitz dachte nach über den Einblick in die fremde Lebensweise der Indianer. Wie man auch anders, als wir es hier bei uns gewohnt sind, glücklich leben kann. Und wie schön es wäre, wenn alle Menschen sich gegenseitig achten und respektieren und nicht immer wieder aufeinander losschlagen würden. Das wäre wirklich eine friedvolle Welt.

So träumten die Jungen in die aufziehende Dämmerung des Abends hinein.

Da riss sie plötzlich die Stimme Frau Rehbeins aus ihren Gedanken. Die Mutter vermisste ihre Kinder und war besorgt.
»Mäxchen, Lausespitz, wo seid ihr? Ist Peter bei euch? Was macht ihr denn da draußen?«, fragte sie erstaunt.
Lausespitz beruhigte seine Mutter:
»Zuerst haben wir darüber gesprochen, was wir alles in nur einem einzigen Jahr erlebt haben. Es ist kaum zu glauben, welche Abenteuer wir überstanden haben, und wo wir überall gewesen sind. Ich hätte nie gedacht, dass wir Kinder einmal einen Bankraub verhindern würden. Am Tollsten aber war die Reise nach Amerika. Was ist da nicht alles passiert!« Dabei schweifte sein Blick träumerisch in die Ferne.
»Tja, wir haben wirklich ein turbulentes Jahr hinter uns«, bestätigte die Mutter mit einem tiefen Seufzer der Erleichterung. »Wir wollen froh sein, dass alles so gut abgelaufen ist. Lasst uns nun auf Burg Bronn heimisch werden. Hier sind wir jetzt Zuhause.«

Anhang

1. Lied

THE MUFFIN MAN

Oh, do you know the muf-fin man, the muf-fin man, the muf-fin man, Oh do you know the muf-fin man, Who lives on Dru-ry Lane?

2. Oh, yes, I know the muffin man.
3. Now four of us know the muffin man.
4. Now we all know the muffin man.

2. Reim

Peas Porridge Hot

Peas porridge hot,
Pease porridge cold,
Pease porridge in the pot,
Nine days old.

Some like it hot,
Some like it cold,
Some like it in the pot,
Nine days old.

Daddy likes it hot,
Mummy likes it cold,
I like it in the pot,
Nine days old.

3. Kochrezept

Maissalat Montezuma

Zutaten:
500 g kalte geschälte Kartoffeln
4 Tomaten
2 große Bananen
1 Dose Maiskörner
1 Dose Ananaswürfel
1 großer Becher saure Sahne
1 kleiner Kopf grüner Salat

Soße:
Saft einer Zitrone
3 Teelöffel süßer Senf
2 Esslöffel Essig
etwas Salz, Pfeffer und Zucker
3 Esslöffel Öl

Zubereitung:
Schneide die Kartoffeln und Tomaten in Würfel,
die Bananen in Scheiben und gib alles in eine große Schüssel.
Füge die gut abgetropften Maiskörner und Ananaswürfel hinzu und hebe die saure Sahne darunter.
Lege den geputzten Salat in mittelgroßen Blättern obendrauf.
Bereite die Soße aus den Zutaten, gieße sie über die Salatblätter und mische vorsichtig.

Guten Appetit!

4. Reiseroute

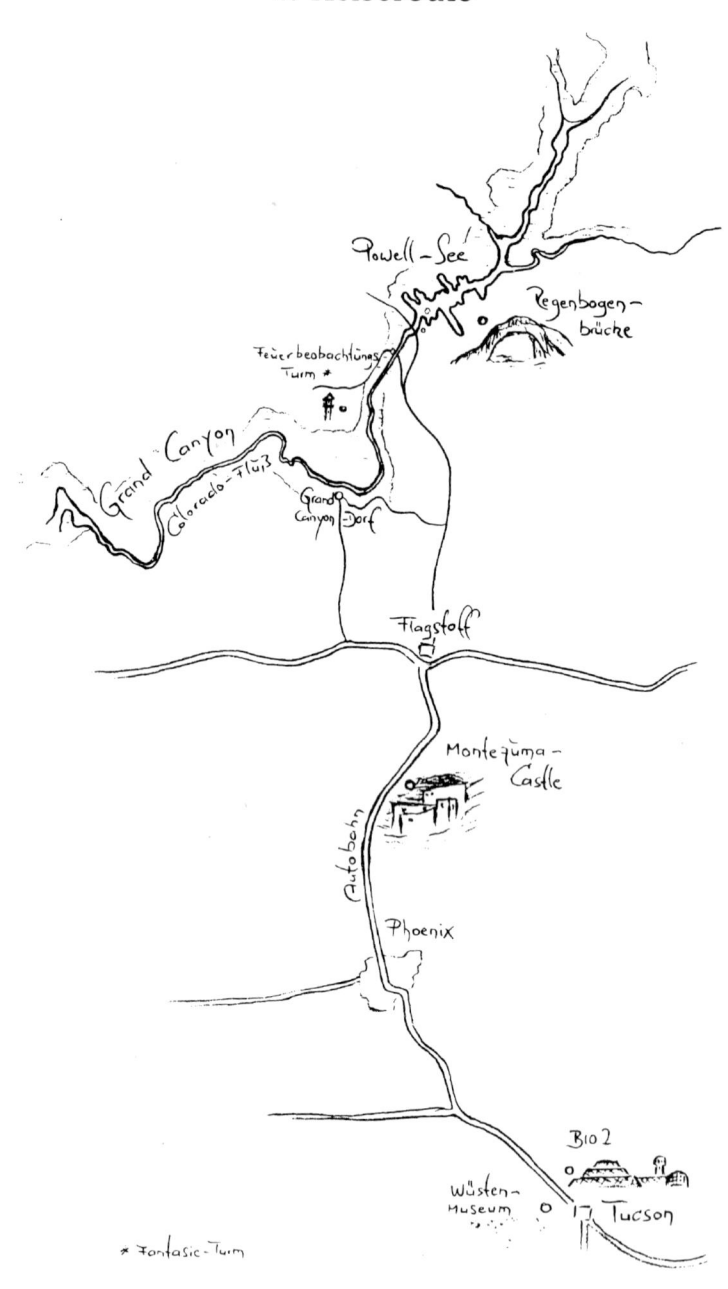

... weitere Abenteuer von Lausespitz:

In neuer deutscher Rechtschreibung!

Ulla Schlüter

Lausespitz

Das Geheimnis im Burggewölbe

Band 1
Illustriert von Ludwig Rohnacker
ISBN 3-924574-96-0

PLÖGER VERLAG GMBH

In neuer deutscher Rechtschreibung!

Ulla Schlüter

Lausespitz

Auf den Spuren der Bankräuber

Band 2
Illustriert von Martin Philipp
ISBN 3-924574-97-9

PLÖGER VERLAG GMBH

In neuer deutscher Rechtschreibung!

Ulla Schlüter

Lausespitz

Falschgeld im Fürstenschloss

Band 4
Illustriert von Uta Steinbrecher
ISBN 3-89708-112-1

**PLÖGER
VERLAG
G M B H**